U0140714

# 影响中国人的
# 十大汉字

## 国学金故事

忠

冯梦月　丁卉◎主编

精忠报国

台海出版社

**图书在版编目(CIP)数据**

忠·影响中国人的十大汉字 / 冯梦月, 丁卉编著.
--北京:台海出版社,2012.9

(国学金故事)

ISBN 978-7-5168-0026-3

Ⅰ.①忠… Ⅱ.①冯… ②丁… Ⅲ.①品德教育-中国
-通俗读物 Ⅳ.①D648-49

中国版本图书馆 CIP 数据核字(2012)第 211259号

## 忠·影响中国人的十大汉字

编　　著:冯梦月　丁　卉

责任编辑:姜　航

装帧设计:天下书装　　　　　版式设计:方国荣

责任校对:董宁文　　　　　　责任印制:蔡　旭

出版发行:台海出版社

地　址:北京市景山东街 20 号，邮政编码:100009

电　话:010-64041652(发行,邮购)

传　真:010-84045799(总编室)

网　址:www.taimeng.org.cn/thcbs/default.htm

E-mail:thcbs@126.com

经　销:全国各地新华书店

印　刷:北京高岭印刷有限公司

本书如有破损、缺页、装订错误,请与本社联系调换

开　本:710×1000　1/16

字　数:55 千字　　　　　　印　张:7.5

版　次:2012 年 11 月第 1 版　印　次:2012 年 11 月第 1 次印刷

书　号:ISBN 978-7-5168-0026-3

定　价:18.00 元

# 忠

古人认为"忠"是一个人应具备的最基本的也是最值得尊敬的品质。我们常听说"自古忠孝难两全"，古之成大事者，都难免要经受忠孝两全的考验。因为古人认为，忠是对国家的忠心效力；而孝，同今人一样，是对父母长辈的孝顺。在古代，为国效忠，奔波于朝堂庙宇，或戎马一生在边疆，势必不能围绕在父母身边尽孝；而能在父母膝前尽孝的，当然不能远离父母去为国效忠。

如今看来，其实对祖国的"忠"和对父母的"孝"并不矛盾，这种"忠"是更大程度上的"孝"。北宋抗金英雄岳飞，北魏时期的巾帼女英雄花木兰，南宋时期的文天祥，于国家而言，他们是忠臣，于父母而言，他们是孝子(女)。只有保卫了国家，才能保卫家园，才能让全天下的父母得到子女的孝顺和爱护。

当今，"忠"往往指的是忠诚，对待国家、亲人和朋友，要真心诚意，尽心尽力，没有二心。此类忠的品质，在本书所讲述的故事人物中也可以寻找到影子。

忠
小篆

忠
金文

# 忠的感言

　　我一直觉得，"忠"是一个很古典的中国概念。"临患不忘国"的忠义；"位卑未敢忘忧国"的忠心；"人生自古谁无死，留取丹心照汗青"的忠贞；甚至"君要臣死，臣不得不死"的忠愚。每一首或哀婉或壮烈的忠的赞歌背后，似乎总伫立着一个背脊佝偻、眉头紧锁、热血满腔的男子。那种"举世皆浊我独清"的表情和神态，让人觉得压抑、觉得沉重、觉得莫名的不合时宜，也觉得异常的摄人心魄。当苏武握着凋零殆尽的旄节，颤巍巍地走在长安的街道上，街旁的人流倒退如幻影。回望匈奴那忍辱负重坚贞不屈的十九年，不知心头又有几番感慨，几度悲凉。

　　这就是我所理解的中国式的忠，永远带着深刻的人性光辉和历史注解。那么在这个世界上，这个时代里，又有几个文天祥、几个岳鹏举、几个郭子仪、几个顾炎武呢？又有几个人，能真正配得上"忠"这个可歌可泣的字眼呢？

　　在英文中，"忠"常被"loyalty"或者"faithfulness"替换。但是这两个词的含意却少了几分国家民族的厚重感。对事业全情投入是为"忠"，对伴侣真心不二是为"忠"，"忠"的概念被扩大增广了。柏拉图把"忠"（loyalty）看成是道德哲学的一部分，也就是他笔下的 ethics。他说只有一个正直的人才会是一个忠诚的人（Only a man who is just can be loyal）。可见在西方哲学的观念里，"忠"与历史的关系不是那么明显。它不需要视死如归来证明其存在，也不需要忍辱负重来彰显其价值。它更多地被当成一种为人处世的准则，一种生活中每个人都或多或少去遵循的不成文的规定。相比之下，就更加平易近人，温暖贴心。

在"忠"的定义上，或许我们没有办法黑白分明地决断哪一种看法更准确。至少对于我，一个从小对着尧舜禹顶礼膜拜的人来说，已经习惯了大气磅礴式的忠。虽然觉得离生活很遥远，但每一次看还是会忍不住感慨万千。

记得去年游东湖的时候，行至行吟阁畔。深冬万物萧条，只留北风肃杀。我想当年屈原或许也就是这样行着吟着，然后泪水汩汩踉踉跄跄地唱出了他的满腔悲愤。那个《橘颂》里横而不流的他，那个《离骚》里伏清白以死直兮的他，那个乘《九歌》从苍梧山中缓步而来的他，在这里，用一江清水结束了他干净得不染丝毫尘埃的一生。换了现世，又有几个人能那般孤傲地纵身一跃，把千古万年的敬慕和耻笑抛于脑后，而只在那一刻完完全全忠实于自己的内心呢？

我们都在用自己的方式给逃避找理由，为懦弱找借口。我们都在这个世界里学会了得过且过，圆滑做人，甚至背信弃义，苟且偷生。我们也学会拿着"识时务者为俊杰"的挡箭牌去耻笑那些为"忠"抛头颅洒热血的灵魂。所以屈原那一跃才像阳光穿破阴霾一样刺痛我们的内心，让每一片黑暗无所遁形。

我并不是在提倡愚忠或盲从，只是单纯地认为"忠"应该成为我们做人的一种准则。尤其在这个纷乱繁杂充满诱惑的世界里，只有最纯真的朴质才能让我们心灵不受干扰。我想，这本书里的每个故事都会让我们重新审视自己的人生，在重温历史后安静地思考属于我们每个人的"忠"。

丁卉

# 目 录

相信我们的国学、国术，经过世世代代的传递，文明的香火能够顺延。

——武当派掌门 游玄德

历经千年的历史，美誉经传的名士，永不泯灭的良知，《国学金故事》让你一生受益。

——峨嵋派掌门 吴信良

中国文化两大精髓，国术强身健体，自卫竞技；国学增智开慧，美化心灵；都是国之瑰宝，不可或缺。

——青城派掌门 刘绥滨

国学、武学一脉相承，是中华民族不可磨灭的灵魂。

——崆峒派掌门 白义海

山之高，学之深，畅游其中，心神俱往矣。

——昆仑派掌门 周金生

# 过门不入

夏禹，姓姒，名叫文命。传说中的"五帝"之一。他聪明机智，吃苦耐劳，领导人民治理了洪水。

大约四千二百多年前，中原大地上洪水泛滥，到处是汪洋。

帝尧看在眼里，急在心里，他派鲧去治水。九年过去了，洪水仍然泛滥不止，治水没有成功。鲧也因此被判罪，被放逐到很远的荒岛上，并且死在那里。他的儿子长大以后，为父亲治水失败所受到的惩罚感到伤心，但他意志坚决，决心运用自己的智慧同洪水作斗争。经过13年的艰苦奋斗，洪水终于都被疏导流入大海，治水获得了成功。

鲧的儿子就是禹。禹出生后不久，父亲鲧就带领人民去治水了，因此他是由母亲一手带大的。禹从小就很懂事，很佩服自己的父亲，认为父亲在做一件伟大的事情，他暗自下决心，长大了要做父亲那样的人，为人民造福。他母亲平时教给他很多知识和道理，他听过一遍以后就能牢牢地记住。他还注

意锻炼身体，因此长大后精力充沛，能吃苦耐劳，加上他聪明机智，讲话有信用，办事很谨慎，很受人民的欢迎。他父亲去世以后，他被推荐给当时的帝尧，尧认为他不错，就命令他继续完成鲧治水的事业。禹憋足了一股劲，早就想大干一场，他接到命令后，首先发动、组织群众，重新鼓起大家的信心，号召大家齐心协力治理好洪水，并把自己治理洪水的办法告诉群众。他说："以前我父亲之所以治水失败，是因为他只想到用泥土去堵，但光靠堵是堵不住的，越堵它就越往上涨，淹没的土地越多。有什么办法可以让水往下降呢？堵不行，我们就可以用疏通的办法，让它往下走，如果能使洪水都流到大海的话，我们治水就能成功。"他边说边给大家示范，只见他右手拿着一只碗，左手拿着一把大水瓢，他用水瓢装满水，然后把水倒入碗里，眼看水就要漫到碗边往外溢了，这时禹叫人在碗边敲开一个口子，"哗"，碗里的水一下子全部流出来了，水越降越低，最后露出了碗底。大家一看，终于明白了这个疏导的道理，觉得这样能真正治服洪水，于是都信心百倍地按照禹的吩咐去做。

禹带着人民翻山越岭，在山上立下很多木桩做标志，来测定高山大河的情况。他坐着车子在陆地上奔波，乘着船在水上来回穿梭，坐着橇在泥沼地里往来，穿着有铁齿的鞋子爬山越坡，始终在外面勤劳奔走，家里的事完全放在一边。他还节衣缩食，以便省出财物，用于治水。

传说在治水过程中，他曾经三次经过自己的家门，但一次都没有进去过，哪怕是稍微休息一下。第一次经过家门时，他看到妻子挺着大肚子坐在门边，他只朝妻子望了望，就匆匆忙忙往前继续赶路；第二次的时候，孩子已经几岁了，会叫"爹爹"了，妻子拉着儿子站在门外，以为他会抱抱儿子，但他只是让妻子好好照顾自己和孩子，然后仍然头也不回地往前走；第三次他经过家门时，儿子已经十多岁了，他二话没说，拉着儿子说："走，跟爹治水去！"又把妻子一个人撇在了家里。就这样，为了治水，禹三过其门而不入。这个故事传开以后，人民都深为感动，都更加努力地为治理洪水奋斗着。

13年过去了，禹带着人民终于开辟了九州的土地，疏通了九条河道，筑堤修治了九个大湖，凿通了九座大山，最后使洪水都流入了大海，治水取得了成功！洪水治服以后，他叫人发给民众稻种，种植在低湿的地方；又叫人发给人民粮食，以便让人民安定生活。慢慢地，人民生活稳定了，日子也好起来了，人民都感激禹的功劳。

**《史记·夏本纪》**

**本篇成语解释：**

1.【无家可归】失去家庭，无处投奔。

2.【齐心协力】众人一心，共同努力。

3.【三过其门而不入】几次经过家门，都不进去。指大禹治水的故事。后用来形容热心公务，忘记私事。

统，是一种中国式的精神实质的体现。

舍小家，顾大家，这是中华民族的优良传

# 大忠典范

姬旦，也称叔旦，一般称为周公。西周初年政治家，足智多谋，为国为家鞠躬尽瘁。

在西周兴起和商朝灭亡的过程中，周国有一位足智多谋、一心为国的人物，这就是周公旦。他姓姬，名旦，因为他住在周地（今陕西岐山），大家又都称他为周公。他是周文王的儿子，周武王的弟弟，他为周朝的建立立下了卓越的功勋。

周公是周武王的弟弟。周武王在世时，很器重周公，干什么事都愿意和周公商量，而周公常常能想出不错的主意。他们兄弟之间感情很好。在灭亡商朝以后的第二年，武王生了大病，生命垂危，周公内心万分焦急，每天都去祷告："上天开开恩吧，快让我哥哥恢复健康，我情愿代替我哥哥去死。"但是疾病是不饶人的，周公的好心没有感动上天，武王还是死了。

武王去世以后，必须由他的大儿子继位，但是这时武王的儿子周成王才几岁，根本不懂事，如果让这样的小孩子去治理国家，国家肯定会大乱，一些人会乘机夺取皇位，人民就会遭殃。

在政权不稳，国家危难的时刻，周公果断地决定暂时代周成王执政，以帮助国家渡过难关。这时，一些心怀叵测的人乘机造谣说："周公他平时总说自己忠心为国，原来并不是这样，他只不过是想为自己谋私利，现在他是欺侮成王年纪小不懂事，想乘机夺取皇位。"谣言很快传开，人民议论纷纷，都信以为真。听到这些无中生有的诽谤，周公没有惊慌。他十分冷静，一方面诚恳地作了大量的解释工作，向人民说明真相；另一方面更加积极地处理国家大事。

他有一次对人说："我之所以不怕别人说闲话，出来代理王位，是怕成王年幼，商朝人叛乱复国，从而葬送国家大业。为了巩固国家的天下，我必须站出来，这是我义不容辞、当仁不让的责任啊！"他办起事来常常是废寝忘食，有时甚至洗一次头发也要中断三次，吃顿饭也要放下几次碗，来处理日常事务。真是忙得不可开交！慢慢地，人们看到周公确实是一心为公，对谣言也就不信了。

但是祸不单行，以前商朝的王子武庚突然发动叛乱，想恢复商朝的统治。周公在困难面前毫不畏惧，他冷静地分析了形势以后，决定亲自带兵镇压叛乱。

周军在周公的指挥下，长驱直入，所向披靡，很快就杀到了叛军的营寨。当时叛军的营寨设在一座山上，他们以为居高临下，周公的军队攻不上去。但是周公很有计谋，他并不死攻，他发现敌人都在一座山上，正好可以用围困的办法，于是他下令把那座山包围起来。慢慢地，叛军的粮食吃完了，箭也用完了，日子越来越难挨，两个月以后，叛军没有办法，只得冒险下山，想冲出包围圈，到山下抢粮食。周公故意稍加抵抗就放那支叛军下山，却另外在一个地方设下埋伏。叛军冲出包围后，正暗自得意，突然周围喊杀声一片，几路军队向他们冲来，叛军措手不及，又本来就饿得奄奄一息了，哪里禁得起一打，不一会儿，就纷纷投降了。

最后，周公把山上的大部分叛军也击败了，解除了威胁，国家重新稳定了。后来，周公认为周朝的都城在偏僻的西部，不利于统治，又下令在东部建立了一座新的都城。

从此，周朝有了东西两座都城，统治更加巩固了。经过多年的励精图治，周朝被他治理得很好，人民安居乐业，国家也慢慢强大起来。到成王成年时，他就不再代理王位，把王位交给了成王，然后告老还乡。周公为国操劳、任劳任怨的一片忠心，赢得了人们的尊敬。

《史记鲁·周公世家》

《中国大百科全书·中国历史卷》

本篇成语解释：

1.【心怀叵测】叵：不可。居心险恶，不可测度。

2.【当仁不让】当仁：指面临仁义之事。指对于应做的事要勇于承担而不退让。

3.【废寝忘食】不睡觉，忘记了吃饭。极言对某一件事专心一意，以致睡觉和吃饭都顾不上了。今多用以形容工作或学习专心努力。

# 人小志高

**汪琦,春秋时期鲁国人,胆识过人。**

春秋时期是我国历史上的乱世。当时不仅强国欺侮弱国,就连强国之间也经常打来打去,情况非常混乱,人们的生活非常痛苦。村庄里面渐渐地只剩下一些老人、妇女和小孩,庄稼都没有人去种,吃饭都很成问题,最让人担心的是生命也常受到威胁。

当时,齐国与鲁国是邻居,本来应该和平相处,但齐国人自己认为他们的国家是一个强大而又经常打胜仗的国家,没有一个国家是他们的对手,而当时的鲁国比较弱小,因此常常遭到齐国的进攻,而且每次鲁国都会被打败,慢慢地鲁国人对齐国越来越害怕。

后来,鲁国的一个新国王鲁哀公上台,他认为虽然鲁国很弱小,但经常被齐国欺侮是一种耻辱。因此,他决定亲自带领士兵上前线,希望能打败齐国,同时借胜利来鼓舞士气。有一年,齐国派出十万大军进攻鲁国,鲁哀公马上派兵迎击,英勇作战,但是由于鲁国士兵对齐国害怕的心理仍然存在,所以一打起仗来,难免慌乱不定。虽然经过浴血战斗,仍然被齐军打败了。战争结束后,鲁国的士兵们私下相互交谈着说:"在这样的情况下,我们的生命随时都会有危险,何况我们国家这么弱小,如何能抵挡住强大的齐国呢?我们的大王为什么不对齐国退让一下，忍一忍，不要老是和齐国打，只有这样，老百姓才不会牺牲这么多！"从这里可以看出，鲁国士兵的士气是多么低落，不打败仗才怪呢。

不久，齐国得寸进尺，再一次派出更多的军队进攻鲁国。一天，驻扎在鲁国都城外的一队鲁国士兵突然发现远处路上扬起了高高的尘土。不一会儿，齐国军队的旗帜就从烟尘中露了出来，鲁国士兵一看是齐国人来了，都害怕得要死，纷纷扔掉武器逃跑，情况十分危急。这时，人群中跳出一个男孩，瘦黑的面孔上闪着一对大眼睛，看上去不过十二三岁的样子。其实他已经15岁了，名叫汪琦。虽然他还是个孩子，但早就和大人们一样，拿起武器保卫祖国。他看着拼命逃跑的士兵，心里非常着急，使劲挥着手臂，大声喊叫："喂，不要跑！"鲁国的将士们停住了脚步，先是一愣，再一看，原来是个小孩子，于是不耐烦地说："去去去，小孩懂什么！国王亲自来指挥也打不过敌人，我们干嘛还去送死，还是逃命吧！"说完飞也似的跑了起来。

汪琦脸涨得通红，抹着眼泪叫道："真不害臊！亏你们说得出，你们还是鲁国人吗？"眼看着自己无法让溃逃的士兵清醒过来，汪琦跺着脚，恨恨地说："你们都是胆小鬼，孬种！现在国家快要灭亡了，你们竟只顾自己的生死！我虽然小，但我生是鲁国人，死是鲁国鬼，我一定要和敌人拼个你死我活，誓死不做亡国奴。我能杀死一个敌人，就可以减少一个敌人。这样的话，即使我死了，也觉得十分光荣！不怕死的，跟我来呀！"说完，他挥着手中的短剑，一边喊着"杀呀"，一边勇敢地冲向敌群。他一下子就杀死两个齐国士兵，然后继续朝前冲，但毕竟年纪太小，力量不足，而敌人又太多了，结果被几个齐国士兵包围起来砍倒在地，为国捐躯了！

鲁国的将士们看到这种情形，士气大为振奋，都愤愤地说："我们一定要洗雪我们的耻辱！我们要为汪琦报仇！难道我们堂堂男子汉大丈夫还不如一个小孩吗？"然后都掉转头来，向齐国军队猛烈冲杀，齐国军队最后被打得落花流水。

汪琦的英勇事迹和战斗胜利的消息传遍了鲁国，鲁国军民受到了巨大的鼓舞，纷纷投入战斗，终于把齐军赶出了国境。胜利后，鲁国人民没有忘记用自己的生命唤醒大家爱国之心的小汪琦，为他举行了隆重的葬礼。

《春秋左传》

**本篇成语解释：**

1.【你死我活】不是你死，就是我活。形容斗争非常激烈。

2.【落花流水】凋落的花瓣随着流水逝去。形容残春的景象。后也泛指零落、残乱的情景。

3.【为国捐躯】躯：身体，指生命。为国献出生命。

最大的敌人始终是心中的自我。当你心中有所执忠，战胜的不仅仅是自己，更多的是能将那份意念渲染给他人。

-9-

# 匡时济世

屈原(约公元前340年——公元前278年),名平,字原,战国时楚国政治家、诗人。

公元前278年农历五月五日黎明,一位"颜色憔悴、形容枯槁"的老人,默默来到汨罗江边(今湖南汨罗县内),他怀抱一块大石头,纵身跃进滔滔的江水中。

他是谁呢?他为什么要自沉?

他就是战国时期楚国的政治家、诗人屈原。他一生忠君爱国,但却遭到小人的谗言,几次被流放。他不忍心百姓受到战争灾难流离失所,祖国的山河破碎不堪,最终自杀殉国。

屈原出生在楚国的一个贵族家庭里,从小就受过良好的教育。他读过很多书,不论是农业、文学、历法,还是天文、地理、历史,他都找来阅读和研究。屈原的少年时期,正是楚国由强盛走向衰弱的时期,他看到祖国日益衰败,决心在政治上有一番作为,使自己的国家富强起来,所以他很早就立志要做一名爱国、爱民又正直的人。

屈原23岁时，当了楚国的左徒，辅佐楚王处理朝中内政、外交大事。一开始楚王很信任他，能采纳他提的一些建议，不久，楚王让他修订法令。当时的一些大臣怕新法会对自己不利，拼命反对新法的制订和实施，他们想尽办法来谗害屈原。有的到楚王面前诬告屈原如何傲慢，如何把变法功劳归于己有，如何瞧不起楚王；还有的威胁屈原，不准屈原制订新法令。楚王后来昏了头，就疏远了屈原，并降了他的官职，不让他制订法令。但屈原一心为国，仍然苦苦劝楚王，楚王一气之下，就把屈原流放到了汉水上游一带。

屈原被流放后不久，当时的秦国派人到楚国，说愿意将秦国的600里土地割给楚国，要楚国断绝与齐国的友好关系。楚王不知是计，高兴地答应了。屈原人在流放地，但他听到这件事以后，心想：哪有这么便宜的事！秦国会无缘无故地送土地给别人？里面肯定有鬼。于是他不顾一切地回来设法劝阻楚王，他说："秦国奸诈狡猾，像虎狼一样不讲信用，这次怕是不安好心，大王还是不答应为好。"可是，楚王不听忠言，还是答应了。后来，秦国又约楚王在秦国的一个地方相见，说是商量国家间的大事。楚王一去，就被秦国扣留起来了，他们还逼楚王割土地给秦国。最后楚王被秦国扣了三年，死在秦国。

楚王死后，他的儿子继位。但他的儿子更加昏庸无能，终日只会寻欢作乐，把国事都交给奸臣去管理。屈原心里十分焦急，他竭力劝新国王改变政策，重新与齐国结交，共同抵抗秦国。但楚王哪里肯听，反而

壮心欲填海，苦胆为忧天。

——文天祥

-11-

认为屈原是跟他过不去，一气之下又把他放逐，流放到更远的更荒凉的汩罗江。

有一天，屈原正在江边散步。一个渔夫见了他，问道："您不是屈原大夫吗？为什么到这里来了呢？"屈原叹了口气说："整个世界的人都是污浊的，只有我是干净、清白的；大家都喝醉了，只有我是清醒的。所以，我被流放到这里来了。"渔夫说："既然这样，您为什么不随波逐流，与他们一样喝酒寻乐呢？"屈原摇了摇头说："我宁愿跳进清流，葬身鱼腹，也不能让我洁白的身体，蒙受世俗的尘垢，洗也洗不清。"

8年以后，秦国灭亡了楚国。这时的屈原，已经60多岁了，他听到这个消息后，悲痛得快要发疯了，他整天不吃不喝，在汩罗江边徘徊，向滔滔江水倾诉自己的悲愤和忧愁。5月初5那天，屈原满怀着对祖国的热爱，最后看了一眼祖国的秀丽河山，纵身跳进了滚滚汩罗江中。

屈原死了，但他崇高的爱国主义精神，他的伟大人格，却永远激励着后世的人民。后来的人民为了纪念屈原，把这一天定为端午节。每年的这一天，人民用吃粽子、赛龙舟等形式来纪念屈原。

**《战国策》**

**本篇成语解释：**

1.【匡时济世】匡：帮助。指挽救艰困的局势，使转危为安。
2.【流离失所】到处流浪，无处安身。
3.【无缘无故】没有任何原因。
4.【随波逐流】比喻自己没有立场和主见，只是随着潮流走。

# 完璧归赵

蔺相如，战国时赵国人，智勇双全，胸怀宽广，以完璧归赵闻名于世，官至上卿。

蔺相如，赵国人。年轻时家里较穷，常常吃不饱饭。但他生来聪颖，记忆力很强，读了很多书，知识丰富，在赵国很有名气。成年后被当时赵国的一个宦官头子请去当顾问，专门出谋划策。

一天，赵惠文王偶然得到一件无价之宝——和氏璧。秦昭王听到这件事，他那颗贪婪的心便打起了这件宝物的主意。他派人送给赵国一封信，说愿意以15座城邑来交换和氏璧。赵王接到信后，感到很为难，就和大臣们商量：如果答应的话，恐怕秦国的城邑得不到而白白地被欺骗；如果不答应，又怕秦国以此为借口派军队攻打赵国。总之，想不到一个万无一失的办法。最后，他们只得决定：派一位聪明能干、有智有勇的人到秦国去。

这时，一个宦官推荐蔺相如去承担此重任。赵王马上接见蔺相如，见他风度稳重，外表严肃，浑身冒出一股英气，知道他可以承担大任，于是问他该如何处理这件事。蔺相如说："秦国强大，我

们赵国弱小，不能不答应。"赵王说："如果秦王拿了我的和氏璧，却不给我城邑，怎么办？"蔺相如说："秦国要求用城邑换和氏璧，如果我们不答应，那么是我们理亏；而如果我们给了他们和氏璧，他们却不给城邑，那么他们就理亏了。比较这两个对策，不如答应给秦国和氏璧，让他们承担理亏的责任。"赵王认为很有道理，就任命他为专使（特派员），带着和氏璧去秦国。临走时，蔺相如说："如果他们给了我们城邑，我就把和氏璧留在秦国；如果没有给城邑，我保证把和氏璧完完整整地带回来。我一定会完成使命的，您放心吧！"

　　蔺相如到了秦国以后，捧着和氏璧献给了秦王。秦王看了以后十分高兴，并把和氏璧递给两旁的美女和侍从人员欣赏，侍从人员高呼"万岁！万岁！万岁！"庆祝秦王的阴谋得逞。蔺相如看到秦王丝毫没有补偿城邑给赵国的意思，知道秦王是想欺骗赵国。他就灵机一动，走上前对秦王说："这块和氏璧虽然很宝贵，可是上面有小瑕疵，请允许我指给大王看看。"秦王把和氏璧交给了他。蔺相如拿到和氏璧以后，立刻退到殿中的柱子旁，怒发冲冠地对秦王说："我看大王丝毫没有诚意用城邑来换和氏璧，完全是想欺骗，所以我把它收了回来，如果你们要逼迫我，我今天就和和氏璧一起在殿柱上撞个粉碎！"说完，作出要击碎的样子。

　　秦王非常喜爱和氏璧，怕他把璧弄破，连忙道歉，并命令部下拿出地图，当着蔺相如的面指着从这里到那里的15个城邑割给赵国。蔺相如估计秦王不过是假心假意，实际

上不会割让城邑，于是又想出一计，对秦王说："这是块天下公认的宝玉啊！赵王送出宝玉的时候，曾经斋戒五日，以表示隆重。现在大王也应该斋戒五日，我才敢献上宝玉。"秦王看到蔺相如这个人不能用武力来使他屈服，只得答应斋戒。得到缓冲的时间后，蔺相如连夜派一个随从穿着粗布衣服，打扮成老百姓模样，带着和氏璧，从小路逃到赵国，终于使和氏璧完好无损地回到了赵国。

　　事后，秦王拿蔺相如没办法，又不想因为杀死蔺相如而伤害两国的关系，于是把蔺相如放了。蔺相如回国后，赵王认为他是个奇才，只身一人出使别国，既保住了和氏璧，又维护了国家尊严，于是大加奖励，任命他为上大夫。蔺相如因此赢得了赵国人民的尊重。

《史记·廉颇蔺相如列传》

**本篇成语解释：**

1.【完璧归赵】本指蔺相如将和氏璧完好无损地自秦送回赵国。后泛指把原物完好无损地归还本人。

2.【无价之宝】没法估量价格的宝物。比喻极珍贵的东西。

如果说卧薪尝胆是一种苦心，破釜沉舟是一种决心，那么完璧归赵绝对是一种忠心。蔺相如忠于自己的国家，以及对国家许下的『把和氏璧完整带回』的诺言，心因有所忠而获得一种力量。

# 双城复国

田单，战国时齐国的名将。善于用兵，常常出奇制胜，为齐国的复国立下了很大的功劳。

战国时期有七个较大的国家，分别是：齐、楚、燕、韩、赵、魏、秦，一般被人们叫做"战国七雄"。它们为了争做中原的霸主而经常互相攻打，使得社会动荡，人民生活一天也不得安宁，种的粮食经常被抢，盖的房子经常被战火烧了。

当时，齐国被燕国打败，齐王被赶得东躲西藏，不得不逃到乡下避难。齐国全国七十多座城市差不多全部被燕国占领，最后只剩下两座城市没有被攻破。但是，齐国以这两座城市为根据地，在一位名将的率领下，奇迹般地从燕国手中一步一步地夺回了全部城市，齐王也被迎接到了首都重新执政。

这位名将是谁？——他就是田单。

田单，由于是国王的远亲而被任命为一名小官，但是名气并不大，人们很少知道有这么一个人。不久，齐国遭到燕国的进攻。由于力量悬殊，很快，燕国占领了齐国的几乎全部城市，只有莒（今山东莒县）和即

墨(今山东平度东南)没有被攻破。在一次作战中，田单机智地帮助许多人安全地摆脱敌人的包围，获得人们的敬重。人们认为他很会用兵，于是一致推举田单作将军。田单说："现在我们国家快要灭亡了，作为一个齐国人，我当然有责任为国家出力。既然大家这么信任我，我就豁出去了，我一定不辜负大家的期望！"

田单首先把人们组织起来，并整顿军纪，鼓舞士气，决定先巩固、坚守住这两座城池；然后派人到燕国去搞挑拨离间，使得燕王把当时燕国最有名的将领乐毅撤了职，而换了一个平庸的将领。反间计成功以后，田单又想出一计。他派人到燕国去散布谣言说："我们最害怕的，是燕军把投降过去或被俘的齐国人割掉鼻子，并排列在城下示众。那样的话，我们军心就垮了。"燕军听到这话，就照着所说的做了。齐国人看到同胞受到这种酷刑，更决心守城，唯恐落到燕军之手。田单接着又派人散布说："我们害怕燕军挖掘我们城外的祖宗坟墓，凌辱我们的祖先，那真是让人痛心的事。"燕军又按着所说的去做，全部掘开坟墓，并焚烧死尸。齐国人从城上看到后，痛哭流涕，悲愤交集，斗志激昂，都要求出城厮杀，报仇雪恨。

田单看到士气十分高涨以后，积极作好反攻的准备。他亲自拿着铲锹，和官兵一起挖土筑城；又把自己的妻子侍女编入队伍之中；把家中的食物全部拿出来犒劳战士。同时把精锐全部隐藏，让一些老弱残兵和妇女据守城墙，故意让敌人以为齐国的力量已枯竭。

上天赋予的生命，就是要为人类的繁荣、和平和幸福而奉献。——松下幸之助

最后，他派出使者向燕国递交投降书，来麻痹敌军，使得燕军放松了戒备。在一切准备就绪，时机成熟之后，田单收集了城里所有的牛，给它们披上大红绸缎制的被服，上面画着五颜六色的蛟龙花纹，牛角上绑扎钢刀，牛尾上捆满浸透油脂的干芦苇草。快到半夜时，田单命令士兵点燃牛尾上的芦苇，然后将牛赶出城门，后面紧跟五千精兵。牛尾烧着以后，牛疼痛难忍，狂奔不已，势不可当，眨眼间到了燕军营寨。燕军在梦中惊醒，都被吓得半死。不到几分钟，被牛群踩死的达数百人，有的裤子才穿了一半，有的才逃到门边，有的被踩断了脚，有的竟被踩成肉泥，惨不忍睹。牛群后面的士兵乘机猛砍猛杀，又结果了几千人。同时，齐国城中的妇女、儿童一齐呐喊助威，锣鼓声惊天动地。燕军溃不成军，跑得慢的人只得纷纷投降。燕军将领也被杀死。这就是著名的"火牛阵"。

齐军乘胜追击，越打越勇，兵力也一天天扩充，经过几年的艰苦战斗，终于把被燕国占领的七十多座城池一一收回。

最后，田单把齐王从乡下接到首都，开始处理国家事务。田单一心一意为了国家，在几乎是濒临绝境的情况下，收复了国家的领土，立下了不朽的功勋。齐王为了表示奖赏，封田单为"安平君"。

《史记·田单列传》《史记·乐毅列传》

**本篇成语解释：**

1.【东躲西藏】指往各处躲避藏匿。

2.【五颜六色】多种颜色，引申指各种各样。

3.【势不可当】来势猛烈，不可抵挡。

4.【惨不忍睹】悲惨得让人不忍心看下去，形容极其悲惨。

# 谋略奇才

张良(？——公元前186年)，字子房，相传为城父人。汉初大臣，杰出的谋略家。

公元前202年的一天，汉高祖刘邦大摆酒宴庆祝自己最终完成统一全国的大业。等到大家都喝得满面红光时，刘邦举起酒杯，站起来对大臣们说："今天我请大家来，不为别的，就为了庆祝我们的胜利，同时感谢各位多年来的帮助，这里我特别要提三个人。"大家顿时都竖起耳朵，想听听皇帝要提哪三个人。只见皇帝慢慢地说："我之所以能够得到天下，靠了三个杰出人才的协助。第一是张良；第二是萧何；第三是韩信。他们都比我强，我能够得到这些人才，真是我的运气啊。来，我们干杯！"

汉高祖为什么把张良排在第一，把最大的功劳归于张良呢？因为张良常常在关键时刻给他出谋划策，让他渡过一个个难关，化险为夷，用刘邦的原话就是"运筹帷幄之中，决胜千里之外"。

张良是战国末期韩国人。秦始皇灭了韩国以后，他曾经和一个刺客去刺杀秦始皇，但没有成功，只把秦始皇的部下杀死了。秦始皇气愤不已，下令通缉张良，张良只得隐姓埋名，逃到一座深山中避难。

秦末农民大起义爆发以后，他先自己组织了一支队伍反秦，后来他又投靠刘邦，决心辅助刘邦建功立业。刘邦率军队攻下了秦国都城咸阳以后，非常高兴，醉心于秦朝的美人、皇宫、珍宝，张良看他有了骄傲情绪，就语重心长地劝刘邦说："秦朝之所以会灭亡，就是因为他们被美人、珍宝、皇宫所迷住，并因此残害百姓，不顾人民的死活，难道您要像秦二世一样，走他的老路吗？"刘邦一下子醒悟了，连忙说："说得有道理，有道理。"于是率军队撤出咸阳，并重新整顿军队纪律，制定法令，让人民安居乐业，受到了人民的普遍欢迎和支持。

还有一次，张良帮刘邦免去了杀身之祸。当时有另外一支反秦的起义军也很强大，首领是项羽。项羽的力量比刘邦强，他想消灭刘邦，自己统治天下。于是有一次他请刘邦到一个地方见面，大摆酒宴，这就是历史上著名的"鸿门宴"。刘邦知道去赴宴是凶多吉少，但又不得不去，便把张良带在身边。在鸿门宴上，项羽的手下范增几次示意项羽杀死刘邦，但项羽犹豫不决；范增又派项羽的侄子假装舞剑给酒宴助兴，想乘机刺杀刘邦。在危急时刻，张良马上派著名的勇士樊哙也去舞剑，以保护刘邦，终于化险为夷。后来，张良看到刘邦的处境实在不安全，就让刘邦假装醉酒，偷偷地逃回自己的营中，他自己则与项羽巧妙地周旋，终于使问题妥善地得到解决。

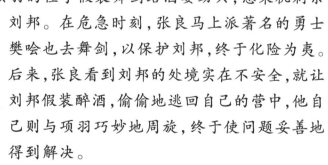

能，力助人主成就霸业之后，也懂得适时放下，得以全身而退。

张良之于刘邦，尤同于诸葛亮之于刘备，他在展示自己杰出才

后来，项羽和刘邦两人之间又反目成仇，爆发了战争。在四年的战争期间，正是由于张良六次想出很好的计谋，终于六战六胜，最终项羽在垓下自杀，刘邦得到了天下，统一了全国。于是便出现了开头那一幕景象。

张良以他自己的聪明才智，为刘邦推翻秦朝的统治，战胜项羽，统一天下立下了不可磨灭的功勋，后来被封为"留侯"，一般人们称他为"留侯张良"。

《汉书·张良传》

本篇成语解释：

1.【化险为夷】夷：平易。化险阻为平易，指转危为安。

2.【忍辱负重】能不避怨谤，忍受屈辱，承担重任。

3.【建功立业】建立功勋事业。

# 扬 威 异 域

张骞( ? ——公元前114年 ), 西汉时期汉中成固( 今陕西城固 )人。西汉杰出的外交家, 探险家。以两次出使西域的卓越功迹被载入史册。

西汉前期, 居住在我国北方的游牧民族匈奴, 经常南下侵犯汉朝的边境。

汉朝皇帝很想打败匈奴, 但由于刚建国, 国力不强, 只得眼睁睁地看着匈奴人在边境横行霸道, 胡作非为。到汉武帝时, 汉朝已经强盛起来了, 汉武帝决定对匈奴宣战, 解除边境的威胁。但他认为把握不大, 想找另一个国家合作, 共同对付匈奴。恰恰这时, 他偶然得知, 西域的大月氏人与匈奴有很深的仇恨, 也希望找一个伙伴合作, 共同对付匈奴。因为匈奴人极其凶狠残暴, 在一次战争中俘虏了大月氏国王以后, 把他杀死, 然后用他的头盖骨做成酒杯来喝酒。大月氏人对此非常悲痛, 发誓要报仇雪恨。

在这种情况下, 汉武帝决定招募一个勇士, 出使西域, 联合大月氏。当时, 在皇帝身边做郎官( 低级禁卫官 )的张骞挺身而出, 说愿意承担这个任务。

这个任务是非常艰巨的。因为要到大月氏，必须经过匈奴，而如果万一被匈奴人发现，就有被俘虏的危险。再说到大月氏去要经过崇山峻岭，一路上虎狼出没，单是要通过的话，也不简单。因此，如果没有不怕辛苦、不怕死的精神，是完不成这个任务的。但张骞早已不顾这些了。为了国家的利益，他毫不犹豫地站了出来，很快就出发了。

张骞只带着一百多人就动身了。他们日夜赶路，不知疲倦，但是不幸被匈奴人发现了，他们被抓了起来，并被关进了大牢，这一关就是十年。匈奴人还给他娶了妻子，想让他死心塌地地在匈奴住下去。但张骞时时刻刻都没有忘记皇帝交给他的使命，他一直在找机会逃跑。十年后的一个秋天的晚上，天色漆黑，他冒着生命危险，带领手下人逃出了匈奴人的魔掌，继续寻找月氏人。

经过千辛万苦，张骞他们终于到达了大月氏。他很高兴，认为可以完成使命了。但没有想到，大月氏这时竟不想进攻匈奴了。因为他们认为自己居住的地方土壤肥沃，物产丰富，又很少被别人侵扰，于是不愿再打仗，只想过安定的日子。张骞左劝右劝，大月氏人还是不答应。没有办法，他决定回国，向皇帝交差。但就在快要抵达汉朝时，又被匈奴人抓住，又被关了一年多。在这种情况下，如果是普通人，肯定早就心灰意冷了，但张骞仍然意志坚定，毫不灰心。终

于，在一次匈奴发生内乱时，他乘机逃了出来，然后到达了首都。这一次出使，前后共经历十三年，损失重大。最初出发时有一百多人，回来时，竟然只剩下两个人了。

知道张骞回来后，汉武帝马上接见了他，被他始终不忘祖国、不忘使命的精神所感动，决定任命他为太中大夫（中级国务官）。一开始张骞很谦虚，说："我没有完成任务，实在不能无功受禄，我很惭愧啊！"汉武帝说："虽然你没有完成联合大月氏夹击匈奴的使命，但是你却了解了西域各地的详细情况，积累了丰富的知识和经验，这些对我们是很有用的。"张骞推辞不掉，只得接受官职。后来，大将军卫青进攻匈奴时，张骞跟随军队一起出征。由于他对西域的情况很熟悉，知道哪里有水草，使得部队进军很顺利，可以说立了很大的功劳。汉武帝又封他为"博望侯"。

四年以后，为了联合另一个西域国家乌孙国共同作战，彻底打败匈奴，张骞再一次出使西域，并获得成功。

通过张骞两次出使西域，开辟了誉满中外的"丝绸之路"，从而使东西方经济文化交流日益频繁，促进了经济文化的共同发展。张骞也因此成为汉朝和西域各国人民心目中的传奇人物。

**《汉书·张骞李广利传》《后汉书·西域传》**

**本篇成语解释：**

1.【报仇雪恨】报冤仇，洗掉怨恨。

2.【死心塌地】原来形容心里踏实，断了某一方面的想念。现也形容主意已定，决不改变。多含贬义。

# 无以家为

霍去病（公元前140年——公元前117年），西汉河东平阳（今山西临汾西南）人。抗击匈奴的著名将领。作战勇猛，屡建奇功。官至大司马骠骑将军，封"冠军侯"，死后被追封为"景桓侯"。

霍去病，是西汉时期抗击匈奴的重要军事将领。他一生共六次带兵攻打匈奴，歼灭敌军共十一万多人，使敌人闻风丧胆，从而对汉朝的侵犯大为减少。

霍去病是西汉大将军卫青的外甥，由母亲一手抚养大。他一出生，身体就很瘦弱，因此母亲给他取名叫"去病"，意思是希望他没病，健康成长。他母亲还让他通过锻炼身体来提高身体素质，谁知他十分喜欢锻炼，并且还爱舞枪弄棍，耍刀打拳，身体渐渐变得强壮起来。由于他舅舅卫青是当时著名的大将军，他立志要做舅舅那样的人。十六七岁的时候，他就跟随卫青参加了边境的战争。到部队以后，他学的本领有了用武之地，如鱼得水，技艺进步更快，而且骑马射箭的水平也一下子提高了不少，成为神射手。

18岁那年，他跟着卫青出去打仗。在作战过程中，他勇敢地带着八百名骑兵，甩开大

部队几百里。一路势不可当，杀死很多敌人，还杀死了匈奴单于（君主）的叔祖父。打完仗后汉武帝认为他很有军事才能，大加奖励，封他为冠军侯，他逐渐为士兵们所熟知。

三年以后，汉武帝又提拔他为骠骑将军，让他率领一万士兵，进兵陇西郡，又大胜而归，杀死敌人八千多人。霍去病带兵打仗与众不同。他行动迅速，能根据情报准确判断，然后果断出击，从来不耽误战机。而且他自己从不怕死，总是冲在部队的最前面。他运气也不错，几乎没遇到大的危险，即使有，也常常能逢凶化吉。正因为他战功累累，带兵有法，所以越来越受到皇帝的重视，升迁很快，几乎与他舅舅卫青齐名了。他终于实现了小时候的梦想。而这时他才不过22岁，真是年轻有为。

为了彻底解除匈奴对汉朝的威胁，最终打垮匈奴，不让它东山再起，汉武帝在公元前119年，命令卫青和霍去病分别率领五万精壮骑兵，和步兵及运输军备的人马几十万人，浩浩荡荡向北进军。部队兵分两路，霍去病负责右路，卫青负责左路。匈奴人早就探听到汉军正往北进军，他们早早地作好了一切准备，等待汉军的到来。

终于，霍去病率领的部队先和匈奴兵遇上了，拉开了战幕。

那一天，双方从上午开始一直厮杀不停，战鼓隆隆，刺杀声不绝于耳。当太阳快要落山时，突然刮起了大风，顿时飞沙走石，连眼睛都

先天下之忧而忧，后天下之乐而乐。——范仲淹

睁不开，两军乱作一群，敌我都分不清，但仍然继续在拼杀搏斗。天慢慢黑了，战场上到处是一具具尸体，血流成河。霍去病觉得这么杀下去不是办法，于是命令一支轻骑部队秘密地从侧面包抄去偷袭匈奴单于，单于没有料到这一招，仓皇逃跑。匈奴士兵听说单于逃跑以后，顿时成了无头苍蝇，个个都泄了气，纷纷缴械投降。这一仗下来，汉军俘虏、击毙敌人达一万多人，但汉军也损失不少。这次战役后，匈奴元气大伤，逃到很远的地方去了。从此，匈奴对汉朝的威胁基本被解除。霍去病因这一次胜利，升为大司马（全国武装部队最高指挥官）。

霍去病为人稳重沉着，不喜欢说话，但敢做敢为。由于他小时候没读什么书，有一次汉武帝说要教他古代军事家的兵法，他说："作战靠的是头脑灵活，判断准确，有谋略就行了，没有必要学习兵法。"汉武帝还给他建造了豪华的住宅，并要他去看看，他回答说："匈奴还没有消灭，要家干什么？"这就是"无以家为"这个说法的来历。

公元前117年，霍去病因病去世，时年24岁。他是我国历史上一位著名的、最年轻的军事家。

《史记·卫将军骠骑列传》

《汉书·卫青霍去病传》《汉书·匈奴传》

本篇成语解释：

1.【闻风丧胆】风：风声、消息；丧胆：吓破了胆。听到一些风声，就丧失了勇气。形容极端害怕。

2.【如鱼得水】像鱼得到水一样。比喻有所凭借。也比喻得到跟自己最相投合的人或适合的环境。

# 出使不辱

苏武(？——公元前60年),字子卿,西汉杜陵(今陕西西安东南)人。以尽忠守节而闻名,官至中郎将(皇帝禁卫军的高级将领)。

公元前81年,被匈奴扣押了十九年的汉朝使节苏武,终于回到了都城长安,手里仍然紧紧握着当初出使时带的"汉节"(汉武帝派他出使匈奴的凭信,象征着王命)。汉武帝用最隆重的礼节迎接这位出使时正当壮年、归来时却头发斑白的老人,人们为苏武历尽千辛万苦而坚贞不屈的精神所感动,都不自觉地流出了眼泪。

公元前100年,苏武受汉武帝派遣,带着副手张胜等出使匈奴。就在苏武完成任务准备回汉朝时,一件意外的事情发生了。苏武的副手张胜卷进了一桩绑架匈奴单于母亲的事件中。单于十分恼火,下令扣留苏武等人,并决定要迫使他们投降以侮辱汉朝。单于派以前汉朝投降匈奴的将军卫律来劝降。苏武见到卫律以后,激动地说:"我是大汉的使节,没有完成自己的使命,实在对不起国家,我还有什么脸面回到汉朝去啊!"说完拔出佩刀,刺进了自己的胸膛,鲜血立即喷了出来，卫律没有料到苏武会以自杀来殉国，脸色都变白了，慌忙找人抢救。经过十分痛苦的手术，苏武终于重新有了呼吸。他宁死不辱使命的高尚气节，震动了匈奴上下，单于也不得不表示钦佩，他连声说："真是条汉子，你一定要想办法让他归顺我！"苏武的伤渐渐好了。一天，卫律又玩起了花招。他派人把张胜叫来了，当着苏武的面用剑指着张胜，逼张胜投降，张胜是个怕死鬼，立刻投了降。卫律以为苏武也能被吓倒，举起剑，指着苏武的喉咙说："你的副手犯了罪，你也有罪，应该被杀头！"苏武毫不畏惧，狠狠地说："他是他，我是我，凭什么杀我的头。"说完反而挺起胸脯，等着卫律刺。这么一来，卫律倒不敢下手了，尴尬地收起剑，苦笑着说："我是开玩笑的，开玩笑的，只不过想吓吓你，不必当真，嘿嘿……"

过了一会儿，他对苏武说："你看我，自从归顺了单于，不但做了王爷，而且还有成群的牛羊，无数的金银财宝，真是要什么有什么。"苏武实在听不下去了，大骂道："你给我住嘴，一个堂堂男子汉，没有一点骨气，做了卖国求荣的丑事，居然还有脸到这儿说，真是太不知羞耻了！"卫律被说得面红耳赤，恨恨地跺了一下脚，让人把苏武带走了。

匈奴单于见杀头和利诱都不能让苏武低头，气得暴跳如雷，更加残酷地迫害苏武。他命令把苏武投到深旷的大地窖里，不给他饭吃，想用寒冷、饥饿逼苏武屈服。当时正值天降大雪，被捆绑着的苏武待在地窖里，饿了，他就啃裹在身上的羊毛毡吃；渴了，就抓雪吃。几天后，匈奴人发现苏武竟然还活着，以为有神在保护他，不敢再伤害他。于是又下令把苏武流放到北海（今贝加尔湖）放羊。苏武临走前，单于冷笑着说："什么时候公羊生了小羊，就让你回去。"

英雄主义是在于为信仰和真理而牺牲自己。——托尔斯泰苏武一个人到了北海。他孤身一人，没有吃的，被迫挖野鼠洞中储存的草籽充饥。但是，他始终紧握手里的汉节，带着它放羊，挟着它睡觉，时刻不离这根代表着国家尊严和使命的汉节。他一有空就望着远方，默默想着自己的家乡和祖国。日复一日，年复一年，汉节上的毛都快脱落光了，但苏武仍然带在身边，紧握不放。

十几年后，匈奴与汉朝讲和了，但匈奴仍然拒绝释放苏武，诡称苏武已经死了。当时汉朝派人编了一个故事：说汉皇帝在一片树林里射雁，得到一只脚上有封信的大雁。信中说苏武在北海牧羊。单于不得不承认苏武还活着，便派人把他送回了汉朝。

**《汉书·武帝本纪》《苏武传》《匈奴传》**

**本篇成语解释：**

1.【千辛万苦】极多极大的辛苦。

2.【卖国求荣】出卖国家利益，无耻地谋求个人的名利地位和权势。

3.【暴跳如雷】大怒得蹦跳呼喊，好像打雷一样猛烈。

苏武在匈奴一共度过了十九个春夏秋冬的轮回，面对诱惑不为所动，不仅仅表现了顽强的毅力和气节，更维护了国家的尊严，受人尊敬。

# 投笔从戎

班超(公元32年——102年),字仲升,东汉时扶风郡平陵人(今陕西咸阳东北)人,胸有大志,智勇双全。官至骑声校尉(射击兵团指挥官),老年被封为"定远侯"。

东汉的时候,扶风郡平陵县出了一对兄弟,就是班固和班超两兄弟。哥哥叫班固,是当时著名的历史学家;弟弟叫班超,是威震西域的武将。班超继西汉人张骞之后,重新打通了"丝绸之路"。他出使西域共三十余年,为促进汉族同西域地区各少数民族的友好关系作出了很大的贡献。

班超从小就胸怀大志,梦想着将来能为国家建功立业。虽然家里贫穷,但他很有志气,从来不企求别人的可怜和施舍。班超很喜欢读书,而且口才很好。他们兄弟俩对母亲很孝敬,后来哥哥班固被任命为校书郎(宫廷书记员),班超于是和母亲一起跟随班固到了首都洛阳,专门侍奉母亲。由于班固的官职并不高,挣的钱难以养活全家人,班超不得已也托人找了份抄写文书的差事,以赚点钱贴补家用。虽然能够自己养活自己了,但是班超仍然高兴不起来。他心里苦闷极了,因为他的志向不是整天待在屋子里抄写文书,而是想到边境去杀

敌立功，要当将军。因此他天天睡不好觉，总想着要干一番大事业。

一天，他下班以后，和一群朋友在一家小酒馆里喝酒。大家天南地北，无所不谈。正喝得爽快、说得高兴的时候，突然"乓"地一声，班超拍案而起，放大嗓门，豪迈地说："我真想像张骞一样，到边疆去为国家建立功勋。"朋友们都以为他只不过是一时冲动，于是拉他坐下。班超看到朋友们都不以为然，脸涨得通红，冲着朋友们"哼"了一声，说："你们这些人，太没有志气了，你们这些小子怎么会知道我壮士般的志气呢？我一定要干出一番大事业，让你们瞧瞧！"说完一个人气呼呼地走了。

不久，边境传来消息：北方的匈奴依靠自己强大的力量，联合西域其他各国，进攻汉朝的边境，抢走了边境居民的大量粮食和牲畜。班超实在坐不住了，他狠狠地把手中的毛笔折断，摔在一边，激动地说："我堂堂一个男子汉，怎么能听凭匈奴残害百姓，自己却在抄抄写写中过一辈子呢？"

当时皇帝汉明帝派遣窦固率领大军出征匈奴，班超立即辞了抄写文书的工作，投奔了窦固。没过多久，班超就立了战功，窦固觉得班超很有才能，决定派他去西域，联络西域各国共同对付匈奴，解除匈奴对东汉边境的威胁。班超只带着三十六个随从，凭着机智勇敢，躲过匈奴人的封锁，到达了鄯善（西域地区一个国家）。

一开始，鄯善国王对他们很尊重，招待也很周到，不到几天，突然变得十分冷淡。班超通过分析，猜测是由于匈

奴也派了人到鄯善,使得鄯善国王左右为难,不知到底该和哪一边和好。班超想了个办法,假装已知道匈奴派了人到鄯善,借机询问负责接待他们的官员。那人以为班超真的知道了,就说:"匈奴使节已来了两天了,住在三十里外。"班超马上召集部下三十六人,告诉他们情况紧急,并说:"我们现在已经陷入了危险境地。你们看,匈奴使节才来两天,鄯善国王对我们的态度就变了。如果他下令把我们活捉,再送交给匈奴,我们都必死无疑,连骨头都会被豺狼吃掉!俗话说,不到老虎窝里去,怎么能捉到虎崽呢?我认为现在最好的办法就是今天晚上突然袭击匈奴使节,把他们都杀死,这样的话,鄯善国王才会死心塌地跟我们和好。机不可失,失不再来,大家愿意按我说的去办吗?"手下人听了以后,个个摩拳擦掌,齐声答道:"好,就这么办!"

当天晚上,班超和手下人把匈奴使节全部杀死,鄯善国王终于同意归服中原,不再与匈奴往来。后来,班超又出使于阗,使于阗也与东汉和好。从班超第一次出使西域开始,经历了三十一年,使西域的五十多个小国都归顺了汉朝,维护了西域各族人民的利益,促进了民族的团结和融合。

《后汉书·班梁列传》《两汉书精华》

**本篇成语解释:**

1.【天南地北】一在天南,一在地北。形容相距很远。

2.【左右为难】形容不管怎样做都有难处。

「投笔从戎」磨炼的是人的意志,是一种对于自身职责的忠诚体现。

# 马革裹尸

　　马援(公元前 14 年——公元 49 年),字文渊,东汉时扶风茂陵(今陕西兴平东北)人。一生忠心为国,官至伏波将军,死后被追封为"忠成侯"。

　　翻开成语词典,也许你会碰到这样一个成语——"马革裹尸"。那么,你知道它的来历吗? 它来自于东汉时名将马援说的一句话。

　　马援小的时候,家里很贫穷。12 岁时,父母亲都已去世,由他哥哥抚养成人。他的大哥在官府做官,想让他读书,以便日后走上仕途。但他对读书不感兴趣,他只想做个武官,日后成为将军。

　　到了十五六岁,他不想再依靠哥哥为生,就一个人到边远地区去种田,养牛羊,以此谋生。一次偶然的机会,他当上了

官府的一个差役。有一次，他押送一个犯人到另一个城市，途中看到犯人由于害怕，浑身发抖，他于心不忍，就把犯人放了，自己由于不好交差，又逃到另一个边远地方重新做农民。由于他勤劳肯干，生活又节俭，几年之后，就有了几千头牛羊，好几仓库粮食。但他毫不吝啬，将大部分粮食都送给了贫苦农民，自己只留下维持基本生活的的粮食。他还说："有钱就要好好地用它，把它用来救济穷人，如果天天只看守它，那就是守财奴了！"从这里可以看出马援心胸的豁达。

后来，国内出现了叛乱，人民生活动荡不安，马援决定为平定叛乱出一份力，于是他投奔了一个将军，当了一名普通的士兵。后来在一次战争中立了大功，被提拔为太中大夫（宫廷禁卫官司令的手下将领）。没过几年，又被提拔为陇西太守（郡长）。上任不久，西部出现了叛乱，马援亲自率领四千人，不到半个月便镇压了叛乱。刚刚打完胜仗，还未休息，又传来了紧急消息说，南部出现了叛乱，皇帝已命令他为伏波将军（伏波兵团总司令），率兵南征。马援马不停蹄，每战必胜，还把叛军首领的脑袋割下献给了皇帝，皇帝非常高兴。

仗打完以后，马援班师回朝，亲戚朋友中赶去慰问、祝贺他的人每天络绎不绝，有时多达几十人。马援每次都谦虚地说："我功不大，却得到不少的奖赏，我心里很不安啊！"他还说："现在匈奴等仍然在北方侵犯扰乱我们的边境，我还要请求朝廷让我再次率兵远征，才对得起大家的厚望！我总认为，作为男子汉大丈夫，应该战死在沙场，然后用马皮裹着尸体安

葬。怎么能安稳地死在床上，死在儿女跟前呢？"语气非常壮烈，人们都佩服不已。

过了四年，南部的武陵又发生了少数民族叛乱。朝廷派的将领都不能完全镇压叛乱，而且兵力损失很大。马援知道以后，几次请求皇上让他率兵出征。

皇帝考虑到他已经62岁了，担心他完不成大任，没有答应他。马援毫不服气，说："我还能披甲作战呢！"说完，命令手下牵来一匹马，"噌"的一声跨上马背，英姿焕发，还给皇上表演了一套枪法，以表示他还没老。最后，皇帝答应让他出征。

马援于是率领五万人马浩浩荡荡开往南方。在临乡（今属湖南）大败敌兵，一仗就杀死两千多敌人。队伍继续前进，一直行军到壶头山（在今湖南沅陵县东）。由于南方天气炎热，军中流行疟疾，很多士兵都病倒了，马援由于年纪很大，最后也病倒了。一时间，士气低落，陷入了困境。这时进攻的话，肯定会打败仗，于是马援命令在河边盖起房子避暑气，同时让部队休整。当时敌人见马援的军队很久没有动静，而且又没有看见马援，都以为马援已经病死了。于是每天击鼓不停，向马援的军队挑战。但是马援并不出击，每当敌人击鼓时，他就把一双脚从窗子里伸出去，故意让敌人看到，以证明他并没有死。敌人很惧怕马援，因为马援名声很大，因此，只要看到马援的双脚，他们就不敢轻举妄动。就这么，双方的军队相持了很多天。后来，马援死了，但他仍嘱咐部下把他的双脚伸出窗外，敌人见马援一直没死，知道肯定要被打败，于是他们都投降了。

战争结束后,部下把他的尸体用马皮包好运到了首都,皇帝命令给予厚葬,并追封他为"忠成侯"。马援终于达成了他"马革裹尸"还葬的夙愿。

**《后汉书·马援列传》**

本篇成语解释:

1.【马革裹尸】革:皮革。指在战场上被打死以后,没有棺木盛敛,用马皮把尸体包裹起来。形容英勇作战,死在战场上。

2.【轻举妄动】轻:轻率;妄:胡乱。不经慎重考虑,轻率地采取行动。

> 好一股将士要英勇牺牲在战场方为天职的英雄气概。

像蜡烛为人照明那样,有一分热,发一分光,忠诚而踏实地为人类伟大事业贡献自己的力量。——法拉第

# 万死不降

耿恭，字伯宗，东汉扶风茂陵（今陕西兴平东北）人。为人慷慨豪爽，很有将帅之才。官至校尉，后来为骑都尉。

东汉初年，有个将才，名叫耿恭。东汉政府命令他担任校尉，防守西域，他率领一支军队驻扎在金蒲城（今新疆吉木萨尔）。当时，西域有许多小国，它们都服从东汉的管辖。有一年，匈奴出动两万骑兵，攻打西域一个叫车师的小国家。车师抵挡不住，派人向耿恭求援。耿恭马上派三百人去救援，但由于匈奴人多势众，结果，这三百人全军覆没。匈奴兵打败车师后，知道耿恭派过兵去援助车师，很是恼火，于是马上挥师东进，来攻打金蒲城。

耿恭见敌军来势凶猛，就命令士兵把箭头都涂上毒药。等匈奴兵攻到城下时，他故意派人告诉匈奴兵说："汉军的箭非常神异。你们只要中箭，就自然知道了。"敌人不相信，反而更加疯狂地攻城，汉军立刻向敌人发射毒箭，那些中了箭的匈奴兵，果然发现不对，中箭的地方全都肿得老高，并开始腐烂，这一来，匈奴兵都吓呆了。这时候，恰巧刮起了大风，下起了暴雨。一时天

昏地暗，耿恭利用这个机会，带领士兵冲出城去，杀了敌人个措手不及，敌人死伤很多。

匈奴兵吃了这个败仗，非常恐怖和惊慌，说："汉军神奇莫测，真叫人害怕！"于是不敢再战，就撤兵走了。

耿恭打退匈奴以后，怕敌人再来围攻，就转移到另一个地方去驻守。因为那个地方有条河流，可以保证用水问题，而金蒲城水源不足。两个月以后，匈奴兵果然不甘心，又来报复，但被耿恭先下手为强，又打得大败。于是匈奴兵不敢再攻城，就把城外通向城内的河流堵塞，不让河水流到城里去。这下子可把耿恭他们害惨了。当时正是炎热的夏季，太阳很毒，而由于断了水，人马都干渴极了。为了找水，他们想尽了一切办法，挖到地下十五丈深，还是没有一滴水，最后只得把马粪中的水榨出来，烧开了再喝。匈奴人看到断水还是不能使汉军屈服，以为真的有神灵暗中帮助汉军，于是又撤兵走了。

耿恭没有麻痹大意，他命令士兵加紧修筑工事，作好长期的准备。果然，匈奴在半年后又联合车师国一起来进攻。耿恭与士兵们同仇敌忾，同心同德，奋勇杀敌。由于一年之内几次被匈奴兵进攻，粮草消耗很大，而又得不到外面的援助，渐渐地，城里的粮食越来越缺少了。耿恭一方面勉励士兵们克服困难，一方面又想尽一切办法解决粮食问题，能吃的都吃了。最后，不得不把弓箭上包的皮革煮熟了吃，但仍然饿死了不少士兵。匈奴人知道耿恭遇到了困难，想劝他投降，就派人到城下说："只要你投降我们匈奴，我们可以封你做王，还赏给你们美女和金银财宝。"耿恭非常气愤，命令神箭手将劝降的人一箭射死。

第二年，汉朝派军队来支援，耿恭率领坚持到最后的二十六个士兵突围，边打边撤。历尽千辛万苦，经过三个月的奔波，

正义比求生还重要的意念，才能使他达到这种境界吗？

初阅耿恭坚守金蒲城的事迹，让人不禁思考，是一种追求

终于在玉门关与援军会合，会合时只剩下十三人了。后来，有人上奏皇帝赞扬耿恭，说他尽忠尽勇，没有给汉朝脸上抹黑，始终没有投降；并且以几千人抵住了匈奴兵数万人，还杀灭不少敌人，建议大加奖励。皇帝于是提拔他为骑都尉。当时的人民认为耿恭很有节义，都称他"节过苏武"（意思是节气超过了以前汉朝的苏武）。

《后汉书·耿恭传》

**本篇成语解释：**

1.【天昏地暗】昏：天黑无光。形容刮大风时飞沙漫天的景象。也比喻政治腐败或社会混乱。

2.【同仇敌忾】同仇：一致对付仇敌；忾：怨恨，愤怒；敌忾：对敌人的愤慨。共同一致地对敌人抱着仇恨和愤怒。

# 中流击楫

祖逖(公元266年——321年),字士稚,范阳遒县(今河北涞水北)人。是东晋时主张恢复中原,致力北伐的名将。

祖逖小的时候不爱学习,15岁以后才用功读书。随着年龄的增长,学问大有长进。当时西晋皇族之间争权夺利,北方少数民族的贵族乘机起兵,攻占了晋朝许多北方的土地。面对着这国破山河在的局面,他胸怀大志,决心驱除北方的敌人,收复晋朝的土地。

祖逖有个好朋友,名叫刘琨,也是个很有志气的人。他们俩经常在一起谈论天下大事,晚上同睡一张床,同盖一条被。夜里,祖逖一听到雄鸡报晓,就在被窝里把刘琨踢醒,说:"鸡叫了,快起来,这可是催人奋发的声音啊!"说完,两人一骨碌爬起来,在庭院当中拔剑起舞,锻炼体魄和意志,练习武艺,以便将来为国出力。这就是后人所传颂的"闻鸡起舞"的故事。

后来祖逖到了江南,生活比较安定,然而他恢复中原的意志越来越坚定。他向当时的左丞相司马睿建议说:"国家的动乱,外敌的入侵,完全是由于皇族争权而引起来的。现在,百姓虽然遭受战争的痛苦,可人人都有奋起杀敌的志向。假使您能够让我带领一支军队北伐，各地的豪杰一定会起来响应，国家的耻辱就可以洗雪，中原就可以恢复了！"司马睿根本没有北伐的决心，在祖逖义正词严的再三要求下，不得已给了祖逖一个刺史（地方长官）的名号和一些粮食和麻布，而兵士和武器却让祖逖自己去想办法。祖逖并没有被困难吓倒，积极准备北伐。

这一天，祖逖率领自己的随从坐船渡江北上。船到江心，祖逖望着浩荡的长江，心情十分激动。他拿起桨在船头击了几下，面对苍天发誓："我祖逖如果不能肃清中原的敌人，就像这滚滚东流的长江一样，一去不复返！"这充满豪情的壮语和着长江奔流的波涛，使同行的壮士们深受感动，纷纷表示愿意跟随祖逖奋勇杀敌，誓死报国。

过江以后，祖逖一边组织工匠打造兵器，一边招集兵士，很快地建立了一支两千多人的部队。这支部队高举北伐大旗，在江北百姓的支持下打了许多胜仗，收复了许多失地。祖逖很善于运用智谋打击敌人。有一次，他将一支陈留城（今河南开封县）的敌军围困了四十多天，双方的粮食都快吃完了。怎样迅速将敌军击败，收复陈留城呢？祖逖想了一条妙计。开始他叫一千多士兵用麻袋装上泥土，"吭哧吭哧"地抬往自家的大营，然后又让几个士兵抬几麻袋真正的大米，装作十分疲劳的样子在路边歇息。陈留城的敌军正为粮食发愁呢，立刻派出一队士兵去抢粮食。祖逖的士兵见敌军来抢，扮成一副很害怕的样

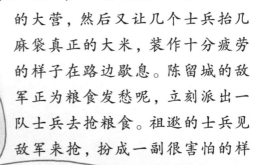

子，丢下米袋就跑，敌军把麻袋打开一瞧：白花花的大米！高兴极了，赶紧抬了回去。消息一传开，城里的敌军士兵就议论开了："瞧人家祖逖的士兵，粮食运来了，兵强马壮的，而我们都快饿死了，还打什么仗啊？！"人心惶惶，士气大大低落。敌军为稳定军心，调集了一千多头毛驴往陈留城运粮，哪知祖逖早已探知，派兵把敌人的粮食全部缴获。敌军见粮食被劫，无心守城，连夜就逃跑了。

就这样，祖逖打了许多胜仗，几年间，就收复了黄河以南、长江以北的大部分地区。但这时他的赫赫战功引起了朝廷的猜忌，便不再支持祖逖北伐，还派人削弱祖逖的兵权。祖逖感到恢复中原没什么希望了，心中十分愤恨和痛苦，终于积郁成疾，于公元321年不幸病逝，死时56岁。中原的百姓听说祖逖去世，感到十分悲伤，人们给他立了祠堂，来纪念这位北伐英雄。

《晋书·祖逖传》

**本篇成语解释：**

1.【争权夺利】争夺权力和利益。

2.【闻鸡起舞】比喻有志者及时奋发。

3.【义正词严】义：道理。措辞严厉，义理正大。也作义正辞严。

4.【兵强马壮】形容军队富有战斗力。

中流击楫，称颂的是收复失地、报效国家的激昂意气。祖逖虽然没有完成恢复中原的事业，但他那忠于报效国家的气概，一直被后代人所传颂。

我死以后，把我的骨灰送到家乡……把它埋了，上头种一棵苹果树，让我最后报答家乡的土地，报答父老乡亲。——彭德怀

# 断舌不屈

颜杲卿(公元692年——756年),字昕,唐朝京兆万年(今陕西西安)人。为人正直,通情达理,处事不惊。官至常山(今河北正定)太守。

唐朝末年,身为唐朝北方一个地方节度使的安禄山发动叛乱,率领大军向南进军。由于内地各个州县多年没有战事,以致毫无防备,因此,叛军很快占领了许多州县,沿路的唐朝官员不积极抵抗,有的逃跑了,还有的投降了。就在这时候,常山太守颜杲卿首先挺身而出,抗击叛军。

常山本来是安禄山管辖的范围。当安禄山率领叛军到达常山附近时,颜杲卿知道自己的力量不足以抵抗,就和手下的官员袁履谦商量好,先假装投降,然后再见机行事,反抗安禄山。安禄山见颜杲卿他们愿意归顺他,于是决定仍旧让颜杲卿担任原来的官职,并且奖给颜杲卿一件紫色的袍子,奖给袁履谦一件红色袍子。但安禄山仍旧不是很放心,就派了一个心腹将领带了七千人马驻扎在离常山不远的一个地方。事后,

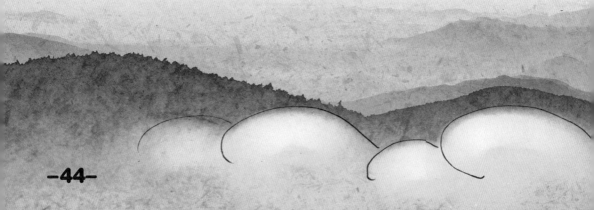

颜杲卿指着安禄山赏的紫袍对袁履谦说："我们既然不想跟安禄山一起反叛朝廷，为什么要穿这东西？"说完把袍子烧了。袁履谦明白了颜杲卿的意思，就是要秘密反抗安禄山。于是两人便秘密联合附近地区的一些官员，组织队伍来讨伐叛军。但是他们觉得驻扎在常山附近的安禄山的心腹对他们不利，于是偷偷派人把那个人杀死了，并把那个人的尸体扔在河里。第二天，安禄山的士兵发现了自己将领的尸体，一下子群龙无首，顿时一哄而散。

接着，颜杲卿又想出了一个计谋。他一面派人通知河北各郡，故意公开虚张声势地称朝廷已派了二十万大军到了常山；同时又派了一百多名骑兵，并在马尾巴上扎了柴草，在常山附近来回奔跑。柴草在地上拖来拖去，使地上的尘土都飞扬起来。从远处望去，天空中烟尘滚滚，一般人都以为朝廷的二十万大军真的开来了。这事一传十，十传百，很快传遍了河北各郡。当时的各郡太守都害怕了，不少人又归顺了唐朝，于是他们的力量逐渐壮大。

这时，安禄山正在陕西，他听说河北出了乱子，大为吃惊，一时慌了神，立刻派手下人带了四万兵马来攻打常山，想重新巩固自己的后方。而这时颜杲卿起兵还没有几天，准备不足，兵力也不足，防御工事更没有修好，根本抵抗不住。但他不想投降，带领士兵顽强抵抗。六天六夜过去了，城里的箭射完了，粮食吃完了，连井里的水也吸干了，最后寡不敌众，

宁可一死，也要把从先辈手中接管的祖国交给我们的后代。这就是我们的信念，这就是我们的忠诚。
——华兹华斯

终于失败。叛军把颜杲卿带到了安禄山那里。安禄山过去曾经推荐颜杲卿当常山太守。他见到颜杲卿，大声说："过去我推荐你当太守，并没有亏待你，也没有得罪你，你为什么要跟我作对？"颜杲卿圆睁双目，针锋相对："我们的皇帝让你当节度使，也没有什么地方亏待你，你为什么要造反？我是唐朝的大臣，应该尽忠守义，我只恨不能把你杀死。想让我投降，做梦去吧！"

安禄山气得半死，命令手下人把他绑在一根柱子上，用刀把他身上的肉一块块割下来。可是，颜杲卿还是骂不绝口。安禄山又命令将他的舌头割掉，并恶狠狠地说："我看你还能不能骂？"颜杲卿满口鲜血，但仍痛骂不止，只是声音含糊不清了。最后，安禄山残忍地把他碎割成几块，把尸体扔在街道上。

可怜这样一个对国家忠心耿耿的男子汉，没有战死在沙场，却惨死在一个叛军头目手中。后来，皇帝追认他为太子太保，谥号"忠节"，人们也纷纷用不同的方式纪念他。

**《新唐书·颜杲卿传》**

本篇成语解释：

1.【挺身而出】形容遇到危难时，勇敢地站出来担当责任。
2.【见机行事】机：时机、机会。看到适当时机立即行动。
3.【一哄而散】形容聚集在一起的一群人吵吵闹闹地一下子分离了。

一身浩然正气，想必形容的便是颜杲卿这样的志士。勇赴国难，虽死不悔，义无反顾地为后世谱写出如此壮烈的诗篇。

# 恨 贼 堕 齿

张巡（公元709年——757年），唐朝邓州南阳人（今属河南），志气高远，记忆力强。唐朝著名的爱国官员，官至真源（今河南鹿邑县）县令。

张巡身材高大，长着满脸的胡须。相传他发怒的时候，胡须根根竖起，非常吓人。他小时候就博览群书，而且记忆力特别好。他读一本书常常只要三遍，就可以终生不忘。后来他带兵时，手下的士兵只要见过一次，并问过姓名，日后再次看到时，他就能说出那个士兵的名字。他还熟读兵书，但是又不死搬教条，注意灵活运用。张巡很有志向，不拘小节，喜欢与人交往，但不乱交朋友，只和正派、高雅的人来往。后来张巡考中进士，在一个地方做县令，把当地治理得很好，很受人们的称颂。

不久，安禄山在北方发动叛乱，声势浩大，黄河南北的许多州县，先后被安禄山攻占。张巡所在的县被他的上级长官献给了安禄山，然而张巡这个人赤胆忠心，一心报国，他不愿跟随上级投降，马上号召人民，组织起来讨伐叛贼，附近的人民纷纷响应，很快就有了一千多人。张巡随即与另一支军队合作，攻占了雍丘（今河南杞县）。安禄山派投降他的令狐潮率领四万人来攻雍丘，令狐潮将一百架云梯架在城墙上，想让叛军士兵爬进城去。张巡命令士兵把一束束干草捆好，浸了油，然后点上火，去烧敌人的云梯，不少敌人被烧得焦头烂额，摔下城去。敌人怕死，吓得不敢再攻城了。令狐潮看硬的不行，想来软的。他第二天到城下来劝张巡投降，张巡站在城墙上痛骂道："我是在为国家出力，即使死了，也不后悔。你贪图一时富贵，认贼作父，难道不怕遗臭万年吗？"

叛军见软的也不行，只得重新攻城。四十多天过去了，敌人仍然没有攻破城池，但张巡发现城中的箭越来越少了，心里很着急。他苦苦思索解决的办法，突然心头一亮，决定仿照诸葛亮草船借箭的办法，用草人借箭。于是他命令士兵们连夜扎了一千多个草人，全部给穿上黑色衣服，到了深夜用绳子吊着草人往城下慢慢地放下去。敌人看不清楚，只见许多黑影在晃动，以为是守城军队要出城偷袭，于是拼命地向黑影射箭。过了不久，张巡估计差不多了，就命令将草人拉上来。只见草人浑身是箭，都像刺猬一样，士兵们大概数了数，足足有几十万支。事后敌人才知道上当了，后悔不已。最后，敌人见实在攻不下，只好撤兵离去。

第二年，叛军又派十几万士兵进攻另一座城市睢阳（今河南商丘），张巡马上亲自带兵去支援。由于张巡很有计谋，所以尽管敌人人多势众，却始终攻不下。慢慢地，半年过去了，

由于被包围了，城里的粮草都用尽了，饿死了不少士兵，最后只剩下一千多人。士兵们没有吃的，只好吃草根树皮，后来又想办法抓天空中的鸟吃，甚至连老鼠也吃。到第十个月时，实在支持不住了，敌人终于攻进了城。

敌人俘虏了张巡以后，先把他关在地牢里，想用饥饿来逼他投降，张巡毫不动摇。敌人见没有效，把他从地牢里押出来，捆在老虎凳上，严刑拷打之后，又逼他投降，张巡张口大骂，敌人残忍地用刀在他嘴里猛捣，把他的牙齿几乎都弄掉了，只剩下三四颗。张巡把口里的鲜血吐在审问他的人脸上，骂道："我为国而战斗，死了绝不遗憾。你们叛变投敌，连狗都不如，你们的日子也长不了，有人会收拾你们的！"敌人疯狂地把他杀害了。张巡以数千人守城，抵抗敌人十几万，在内无粮草、外无援兵的情况下，竟能坚守十个月，真是军事上的奇迹！而他临死不降、威武不屈的精神，实在让人佩服！

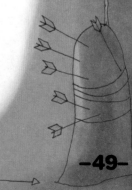

《新唐书·张巡传》

**本篇成语解释：**

1.【焦头烂额】本来意思是头脸被火烧焦。后常比喻十分窘迫难堪之状。

2.【遗臭万年】遗臭：死后留下恶名。坏名声一直流传，永远受人唾骂。

3.【威武不屈】威武：权势、武力；屈：屈服。在强暴的压力下不屈服，形容坚贞不屈。

独守一城便足以捍天下，仅以千百人守城，抗敌十几万大军。有如此之大臣，国家又怎么会灭亡。

# 单骑退敌

郭子仪（公元697年——781年），华州郑县（今陕西华县）人。唐朝中期杰出的将领、军事家。长期担任执掌全国军、政要职，官至中书令（相当于最高立法长官）。

郭子仪年轻时身材魁梧，体格强健。因在一次武艺竞赛中崭露头角，被推为武举人，从此开始戎马生涯。由于他立了很多军功，升迁很快，成了一位年轻有为的将军。当时，郭子仪所在的部队中，有另外一位声名显赫的将军，叫李光弼，他带兵有方法，在作战中常常以弱胜强，以少胜多，因此恃才傲物，很是瞧不起郭子仪。由于两人都互相不服气，所以关系很僵，有时候同在一张桌子上吃饭，只拿眼睛斜视对方，从不说一句话，好像有什么不共戴天的仇恨。

后来，郭子仪担任了朔方（今宁夏灵武县）节度使（军区总司令），成为李光弼的顶头上司，李光弼害怕郭子仪报复，心里很是害怕。不久，安禄山发动叛乱，朝廷命令郭子仪负责镇压。郭子仪准备任命李光弼为大将，带兵出征。李光弼认为这是郭子仪"借刀杀人"，对他实行报复，但他又无可奈何，因为上级的命令只有服从。临出发前，他对郭子仪说："我个人死了没关系，只是希望能让我的妻子儿女活下去。"郭子仪一听，激动地一把抱住李光弼，流着眼泪对他说："你说的哪里话？现在国内大乱，叛贼猖獗，需要我们齐心平定叛乱，我怎么会记私怨呢？"李光弼听后非常感动，两人相对一拜，于是两人尽弃前嫌，握手言和。李光弼出征后，英勇异常，率兵很快平定了叛乱。从这里可以看出，郭子仪具有一切以国家利益为重，不泄私愤，胸怀宽广的高风亮节。

　　国内的叛乱还未完全平息，国外的少数民族吐蕃和回纥又联合起兵侵犯唐朝的边境，甚至一度打到了首都长安（今陕西西安）附近。在这紧急关头，朝廷思来想去，决定任命郭子仪为元帅，领兵退敌。这时他虽已68岁高龄，退休在家，但二话不说，接到命令立即赶赴前线。

　　当时，吐蕃和回纥之间由于争夺军队的领导权而出现了矛盾，两家的军队已开始互不信任，且分开扎寨。郭子仪决定乘此机会拆散两家的联合，利用原来与回纥的良好关系，说服回纥军队与唐朝军队联合起来，击败吐蕃。郭子仪先派手下一名将领去游说，没有奏效。于是他决定亲自去游说。他说："现在敌人强大，我们人少兵少，打是打不赢的。从前，回纥首领跟我们感情很好，结过盟约，不如我前去把他们说服，希望能免去战争，换取和平。"但手下将领认为这样做很危险，不让他去。他儿子郭暧更是拦在马前劝阻说："他们是一群恶如虎狼的人，爹爹您是军队的统帅，怎么能轻易地拿自己的生命去赌呢？"郭子仪用马鞭狠抽郭暧的手，喝道"走开"，只带着几名骑兵，向回纥军营奔去。

来到敌军城下以后，他大声传话道："郭子仪前来拜访！"回纥人听说郭子仪来了，都不相信，因为早有谣传说郭子仪已经死了。他们原准备把城下人用乱箭射死，但只见最前面一匹马上那人跳下马来，脱了盔甲，扔了长枪，只身朝城门阔步走来。如此勇武之人，不是郭子仪是谁？回纥人这才相信来人就是郭子仪，立即出城迎接。郭子仪拉住回纥首领的手说："你们曾为我国立了大功，我们待你也不错，为什么要帮助吐蕃进攻我们呢？我今天单身到这儿，是劝你们悬崖勒马。当然，你们可以把我杀掉，但我的将士一定会跟你们血战到底的。"回纥首领药葛罗听了这番话以后又惭愧又后悔，当即决定同吐蕃决裂，恢复同唐朝的友好关系，并带罪立功帮助唐军攻打吐蕃。在双方军队的联合进攻下，吐蕃军队大败，一溃千里，从此长安稳定。

一位年龄已达六十多岁的老将，为了国家的安危，竟然只身一人前往敌营劝降，并获得成功，这需要多么大的勇气和胆识？！郭子仪也因此以"单骑退敌"而名垂青史。公元781年，郭子仪病重去世，终年85岁，成为历代名将中寿龄最高的一位。

《新唐书》

**本篇成语解释：**

1.【崭露头角】崭：突出的样子。比喻突出地显示出才能和本领。

2.【恃才傲物】物：指众人。自恃才高、傲视他人。

3.【不共戴天】不愿在一个天底下生活。比喻仇恨极深。

4.【借刀杀人】自己不出面，利用别人去害人。

我马一生，屡建奇功，力挽江山于即倒，却从不居功自傲，

忠勇爱国，宽厚待人——说的便是郭子仪，无论是军功，抑或

辅政、为人，皆可称为典范。

# 铁面无私

包拯（公元999年——1062年），字希仁，北宋庐州合肥（今属安徽）人。性格刚直，嫉恶如仇，秉公执法。官至枢密副使。

如果你随便问一个成年人，历史上秉公执法严格、不循私舞弊、铁面无私的人是谁？他们往往会随口而出，说是包拯。可见包拯声名之震，影响之远。人们还把他搬上戏剧舞台、荧屏电视，用来教育人，宣扬正义。

包拯为人敦厚老实，待人宽恕；性格刚直，嫉恶如仇；生活朴素，孝敬父母。他年轻时考中进士，被任命为一个县的县官。当时他为了在家里侍奉年老的父母，坚决不上任。几年以后，父母都去世了，他在父母的坟墓边撑起一座茅屋，为父母守丧，服丧期满以后，他还是不忍心离去，每天在墓旁徘徊，后来在父老乡亲们左劝右劝下，才答应上任。

上任后不久，一天，有人来告状，说有盗贼割掉了他家的耕牛的舌头去卖。包拯让那人把详细情况说了以后，稍微想了一下，对那个人说："你回去以后不要作声，马上把耕牛杀了吃掉，这案子我自然会给你破的。"几天以后，突然有

一个人急冲冲地跑到官府，也来告状，说有人杀死了他家的耕牛。包拯立即上堂，然后要手下衙役首先把告状的人抓起来捆住，来人大声喊冤枉。包拯把惊堂木一拍，大喝一声："大胆！好你个盗贼，分明是你割了别人家耕牛的舌头，然后又栽说人家杀了你的牛，想诬蔑人家，我已掌握了证据，你还不从实招来！"来人见包拯说得掷地有声，以为包拯真的抓住了他的把柄，于是把事情真相都老老实实地交待了。这个案子以后，包拯判案如神的消息迅速传开，远近闻名。

包拯生活节俭，吃的饭菜一点也不奢侈浪费，一切都像做农民时一样。他公私分明，从不贪公家的小便宜，更不用说贪污了。例如他后来在端州当县官，而端州出产一种有名的砚，很是珍贵，但他主政端州期间却没有为自己弄一只砚，甚至人家送给他，他也不接受。正因为如此，人们更加钦佩他。

后来，包拯到了开封，当上了右司郎中。他在开封府里判案，严格执法，毫不留情。都城中的皇亲贵戚，官宦子弟都十分惧怕，再也不敢像以前那样肆无忌惮，胡作非为，比以前都收敛多了。有一次，一个大官的子弟在酒馆里喝酒，不但不给钱，还大打出手，把老板打死了，然后若无其事地扬长而去，临走时还宣称，"你们去告我吧，我不怕，看包拯能把我怎么样？"

包拯接到告状书以后，大为气愤，马上命令手下衙役去逮捕凶手，当时有人劝他算了，说凶手的父亲是个大官，不好对付。但包拯说："我就不信国家的法律惩治不了这些为非作歹的家伙，我一定要把凶手绳之以法。"凶手的父母知道包拯办起案来不讲情面，赶快亲自提着贵重的东西来向包拯求情，包拯断然拒绝，最后把凶手关进了牢房，听

候处置。从此以后，那些不法分子更是怕包拯，都背地里叫包拯为"包阎罗"，意思是如果被包拯抓住了把柄，就跑不掉了，命也保不住了，就像被阎罗王索命一样。

按照旧的制度，告状的人是不能到官员的家里来申诉的。但包拯打破了这个旧制度，使得告状的人能当面向他说明事情的真相，以免出现冤案，同时表明他自己的清正廉明。他曾经有一次对家里人说："我的子孙后代有做官的人，一定要廉洁奉公，如果有谁贪污受贿，徇私舞弊，那我就不承认他是包家的人，他死后也不准埋到包家的坟墓里来，让他作一个孤魂野鬼。"64 岁那年，包拯因病去世。死后，皇上追封他为礼部尚书，谥号"孝肃"。

《宋史·包拯传》

**本 篇 成 语 解 释：**

1.【铁面无私】形容公正严明、不怕权势、不讲情面。

2.【徇私舞弊】徇私：因照顾私人关系而作不合法的事；舞弊：弄虚作假，欺骗蒙混。

3.【大打出手】打出手：戏曲中的一种武打技术，一个剧中的主要人物同几个对手相互抛掷接踢武器，形成种种舞蹈场面。形容野蛮地打人逞凶，或反动集团之间的互相争斗、殴打。

4.【扬长而去】丢下别人，大模大样地离去。

包青天，清官美名天下传，忠孝典范千古流芳。

# 宁 死 不 屈

郭永，北宋大名府元城（今属河北）人，著名抗金将领。博通古今，忠义两全。官至司录参军，死后追封中大夫，谥称"勇节"。

郭永是北宋著名的将领，以作战勇敢果断而闻名。郭永身材修长，生得文质彬彬，一身书生气质。他长有飘逸的长须，从远处看，就像传说中的神仙。他很喜欢读书，尤其精通历史。一有钱他就买书，家里的藏书达到两万卷。他出口成章，但又很谦虚，从不炫耀自己的才华，写的文章从来不奢求别人知道，只要自己认为满意就行了。他很仰慕古代一些有节气的人，常常读着读着，就一个人呆坐在那里发感慨："我能像他们一样多好啊！"

最初他在一个地方当县令，有一年这个县遇上大旱，有个巫师乘机大肆造谣，说将有灾难要降临了，搞得人心惶惶。郭永非常生气，就命令手下人把巫师抓起来，痛打了一百大板。然后把他绑在一根大柱子上，在太阳底下暴晒。谁知不久，天上竟然下起了大雨，老百姓认为郭永有神奇的力量，对他十分钦佩，并把这件奇异的事刻在石碑上，以便让后人知道。

后来，北方的金朝军队进攻宋朝，包围了大名。于是郭永回到了家乡大名，协助新上任的大名守备张益谦保卫这个城市。最初张益谦打算逃跑，郭永马上找到张益谦，厉声质问他："大名是个军事要地，如果被金人占去，不但城里的老百姓要遭殃，南方各地老百姓的生命财产也会受到威胁。我们即使力量不足，也应该拼死抵抗。你居然想逃跑，这样做对得起国家和人民吗？"张益谦无话可说，只得放弃了逃跑的打算。

郭永回到军营中，首先给士兵们鼓气，另外又派人秘密地翻墙出城，向朝廷告急，请求赶快派兵救援。金军攻了半个月，见久攻不下，就采用攻心战术，派人在城下劝降，说："东平、济南两地已经投降了，你们赶快投降吧。我们给你们官做，让你们享受荣华富贵。抵抗到底是没有好下场的！"城上的张益谦被说动了心，迟疑不决，真的想投降。郭永当着他的面，气愤地警告说："现在正是我们尽忠报国的时候，谁敢投降敌人，小心我的钢刀。"说完"哐啷"一声把刀抽出鞘来，钢刀射出一道寒光，郭永一刀把身边的桌子角砍了下来，张益谦吓得脸上顿时没有了血色。

天刚蒙蒙亮的时候，金军又开始攻城了。他们用石炮猛烈轰击城墙，城墙终于被轰塌了，金军攻进城来。郭永的随从想让他乘乱逃走，郭永推开好心的部下，痛苦地说："我身为宋朝大将，如果不能带兵守住城市，哪里有脸活着出去？我一定要拼到最后一口气！"说完，提起大刀向敌人冲去，金兵很快把他包围了。最后，他被砍倒在地上，昏死过去。

敌人把郭永抓到了军营里，过了很久，郭永醒了过来，见金兵正要拖着他去见金兵的统帅粘罕，他强忍剧痛，自己挣扎着站起身来，整了整身上的军服，昂首挺胸地走进了粘罕的帐蓬。金军统帅早就知道这个人就是郭永，但他想抖抖威风，并

英勇非无泪，不洒敌人前。男儿七尺躯，愿为祖国捐。

——陈辉

且侮辱郭永,于是故意神气地问:"进来向我投降的人是谁啊?"郭永冷冷一笑,高声说:"不会投降的人郭永来了。"粘罕没占到便宜,又换了一种口气说:"郭将军德高望重,只要愿意为我们做事,我们一定满足你提的所有的要求。"郭永两眼圆睁,用手指着粘罕,一字一顿地说:"我的要求是吃你的肉,剥你的皮。"粘罕气得跳了起来,一刀把郭永指着他的那只手砍了下来,顿时鲜血喷得满地都是,郭永面不改色,继续痛骂敌人。最后,敌人见他不会投降,把他杀害了。

　　郭永虽然被杀害了,但他为了国家利益而表现出的大无畏的英雄气概却永远留在人们的心中。人们赠给他一个称号,叫"不降者",意思是"绝不投降的人"。

**《宋史·郭永传》**

**本 篇 成 语 解 释:**

1.【文质彬彬】彬彬:形容文雅。形容举止文雅,有礼貌。
2.【人心惶惶】指众人惊恐不安。
3.【德高望重】品德高尚,名望很大。
4.【宁死不屈】宁愿牺牲性命也不向敌人屈服。

# 铁面御史

　　赵抃（公元1008年——1084年），字阅道，北宋衢州西安（今浙江衢县）人。为政严明，不畏权贵，号称"铁面御史"。官至殿中侍御史，谥号"清献"。

　　赵抃为人忠厚，做事稳重；品德高尚，心怀宽广。他对钱看得很轻，生活俭朴节约，家中没有养一个仆人。他还常常用自己的钱来帮助他人。赵抃对自己要求很严格，每天晚上都要对自己白天所做的事进行反省，如果有什么事做得不对，他心里就很不安，甚至睡不着觉。他还用笔把这些事记下来，以便使自己日后改正过来。

　　赵抃年轻时读书很勤奋，家里不宽裕，他就边帮家里干活边读书。有一次去放牛，他拿着一本书去看，一下子就被书迷住了，周围的事完全不知道了。看着看着，天渐渐黑下来了，他突然醒悟过来，一看，牛不见了，他只好到处去找，到半夜才找到牛。正因为他读书很专心，所以学业很好，后来他考中了进士，做了一个官。

　　由于他处理政事很有才能，很快他就到了都城，被提拔为殿中侍御史。当

时都城的人都称他为"铁面御史"。为什么呢？因为他对丑恶现象，贪官污吏毫不手软，处理问题铁面无私，而且他不怕有权势的人，越是别人不敢碰的人，他越要去碰。有人劝他说："你干嘛要这么认真呢？"赵抃正气凛然地说："我做事要对国家，对人民负责。绝对不能含糊，我最看不惯的就是那些仗势欺人的家伙！"

当时朝廷里面有一些奸臣，经常在皇帝耳边打小报告，诬蔑一些忠臣和有才能的人，很多人因此被罢了官。赵抃勇敢地上书给皇帝，说明真实情况，终于使一些有才干的人留在朝廷为国家服务。由于四川离都城很远，而那里的官吏腐败无能，因此四川一片混乱，流氓地痞们为非作歹，赵抃挺身而出，自愿去治理四川。他到了四川以后，处处以身作则，事情不论大小他都亲自处理，而且制订了许多符合当地实际情况的法令，经过几年的努力，四川的犯罪分子收敛了很多，各个方面都有了很大的改善和提高。

赵抃对坏人非常痛恨，但他为人并不苛刻，他很注意给别人留一条后路，让别人改过自新，以便挽救人。有一次四川出现日食，一些人乘机妖言惑众，想闹事扰乱社会治安。赵抃听说后马上派人把那些人抓起来，但他并没有严厉处罚那些人，而是给他们讲了许多道理，劝他们改邪归正，然后把他们放了，并发出告示说这些人只不过是喝酒喝多了，并不是要故意闹事。这些人被放了以后，都很佩服赵抃，都重新做人了。事情真相传开后，人民更是对赵抃称赞不已。

赵抃非常廉洁自律，他做官从来不为自己谋取私利。他去治理四川的时候，只带了几身换洗衣服，一把木琴和一只大鹤。一个人骑着马打扮成老百姓，风尘仆仆地到了四川。几年以后，他返回都城的时候，带在身边的，竟然还是这几样东西。

他为人平易近人，不摆架子，并不是人们想象中的那么冷酷、难以接近。有一次，他对手下一个小官说："我和你年纪差不多，都是为国家做事，我孤身一人来四川，为的是治理好这个地方，从来没有别的什么目的，我一直注意警醒自己要清正廉洁，要问心无愧，否则老百姓会不服气的。你跟我一样，也是为国家做事，我希望你也能像我一样廉洁奉公，这样的话，虽然自己清苦一些，但也不会后悔的！"

总之，赵抃处处把国家利益放在第一位，处处以身作则，赢得了人民普遍的称道。他死后，当时的宰相胡韩琦对他评价很高，说他算得上是"世人的楷模"，没有人可以和他相比，事实确实就是这样。

**《宋史·赵抃传》**

**本篇成语解释：**

1.【仗势欺人】仗：依靠，凭借。依仗权势，欺压别人。

2.【改过自新】改正错误，重新做人。

3.【平易近人】态度和蔼可亲，使人容易接近。

4.【问心无愧】反躬自问而毫无羞愧。

# 将军无敌

　　杨业(？——公元986年)，字重贵，又名继业。北宋麟州(今陕西神木北)人。作战神勇，力气过人，忠贞爱国，誓死不降。官至代州(今山西代县)刺史。

　　杨业是北宋著名的爱国将领。他从小就勇敢机灵，爱耍棍射箭，舞刀弄枪。杨业经常和小伙伴们一块儿去打猎，每次回来，他的猎物都比别人多好几倍。小伙伴们很佩服他，把他看作是自己的首领。有人问杨业："你长大了，准备做什么呀？"杨业把胸脯一挺，说："我嘛，将来要当大将军率兵打仗，像用鹰犬追逐野兔和豺狼一样所向无敌。"杨业长大以后，当了一名军人。因为作战勇敢，屡建大功，果然成了一名大将。皇帝派他驻守边疆城市代州。

　　不久，北方的辽国出动十万大军来攻打代州附近的雁门关。雁门关是代州北面的重要门户，一旦雁门关失守，代州也将保不住。于是杨业马上带兵迎战。当时杨业手下只有几千人马，但他镇定自若，毫不心慌。他料到辽军必定经过雁门峡谷，就先派一个大将军领军队埋伏在峡谷南口，然后自己亲自率领几百名骑兵，沿小路绕到峡谷北口，从背后紧紧盯住了敌人。

辽军一路南下,都没有遇到过阻拦。他们正趾高气扬,大摇大摆地从北面穿过峡谷前进的时候,冷不防背后突然烟尘滚滚,鼓号齐鸣,杀声四起,一支骑兵像猛虎下山般,冲杀过来。辽兵一时吓昏了头,乱成一团。只见杨业冲在队伍的最前头,策马舞刀,杀得辽兵人仰马翻,哭爹喊娘。辽军这样被前后夹击,死伤大半,仓皇逃跑。从此辽军一提起杨业就心惊胆战,一见到打着"杨"字大旗的宋军就赶快逃跑,杨业也因此赢得了"杨无敌"的称号。

过了两年,辽国的国君死了,新皇帝只有十二岁,宋朝想乘这个机会收复失地,于是进军北伐。当时杨业被安排在西路军中,作为主将潘美的助手。战争刚开始时还算顺利,旗开得胜,很快收复了山西西北部的大片国土。正当西路军向前节节推进的时候,东路军却因孤军深入而被打败。宋朝皇帝因为主力遭受损失,命令各路军队撤退,杨业所在的西路军仍然撤回代州。

辽军听说宋军撤退,立即乘机反攻,又占领了不少北方的地方,形势非常危急。杨业根据形势,建议派兵假装继续撤退来吸引辽军的主力,再派兵埋伏在半路上袭击辽军。但主帅潘美一向刚愎自用,他早就妒忌杨业,因此根本不听杨业的建议,却硬要同辽军正面交锋。杨业坚决劝阻说:"如今敌强我弱,如果不避开辽军的锋芒,是要吃亏的。"潘美不但不听,还讥笑杨业说:"将军不是号称'杨无敌'吗?怎么见了敌人畏缩不前?原来是徒有虚名!"杨业气愤已极,说:"我不是怕死,而是不愿意让士兵们去白白送死,既然你责怪我避敌,那我打头阵就是了!"

杨业临出发前，对潘美说："我杨业应当用死来报国。如果我战败了，希望你能带兵在陈家谷口（今山西朔县南）伏击辽军，说不定还能挽回局面。"到这时杨业仍想着自己的国家，而把个人的生死放在了一边。他们出兵不久，就遭到了大量辽军的伏击，尽管他英勇奋战，终究不是敌人的对手，从中午苦战到傍晚，杨业身受几十处伤，鲜血染红了战袍，但仍然用力挥动手中的大刀，左冲右突，最后被辽军射中战马，坠地被俘。被俘后，任凭敌人怎么劝降，都一言不发；不管辽兵送来什么丰盛的饭食，始终紧咬牙关。三天以后，这位戎马一生的爱国老将，终于绝食而死。

杨业死后，他的儿孙继承他的事业，继续为国杀敌，保卫宋朝国土，立下许多战功。他们家一门英烈，被人们称作"杨家将"。杨家将的事迹，被后人编写成小说、戏曲，世世代代广为传诵。

《宋史·杨业传》

本篇成语解释：

1.【所向无敌】敌：对手，敌手。力量所达到的地方，没有任何力量可与之匹敌。

2.【趾高气扬】走路时高高举步，神气十足。形容骄傲自满，得意忘形的样子。

3.【孤军深入】孤立无援的军队深入敌区作战。

4.【刚愎自用】愎：固执。指固执，不接受意见，独断专行。

# 浩然正气

文天祥（公元 1236 年——1283 年），字宋瑞，又字履善，南宋吉州庐陵（今属江西）人，抗元将领，临死不降。官至右丞相兼枢密使。

文天祥身材高大，结实有力，眉清目秀，双眼炯炯有神。据传说，他出生以前，他的祖父曾梦见一个小孩乘着一朵紫色的云从天上慢慢地下降，然后又慢慢地上升。第二天，他母亲便生下了他，他的祖父很是惊奇，便给他取名叫"云孙"。

文天祥小的时候，便聪明好学，很有志向和气节。有一次去参观古代名人的遗像，发现他们的谥号，都有一个"忠"字，觉得非常美慕，说："将来我的名字如果不与他们在一起，就不是大丈夫。"而这个"忠"字，从此便深深地印在了他的脑海里。

文天祥 20 岁时参加科举考试，中了第一名进士，皇帝非常器重他。有一年，北方的元兵渡过黄河，大肆进攻南宋。宋军抵挡不住，迅速往南撤，元兵很快就逼近了宋都城临安，在这种紧急情况下，皇帝下诏书招募能士以保卫都城。文天祥看到诏书后，痛哭流涕。为了挽救危局，他很快就在江西、广东等地募集了三万多名勇士，并拿出全部家产充作军费。有人劝他说："现在元军三路大军进攻，气势汹汹，你以万名乌合之众能抵得住吗？这不是等于用一群绵羊去拼猛虎吗？"文天祥回答说："我最痛恨的是国家有难而无人解救，我只愿意尽自己微薄的力量，即使以身殉国也在所不惜！"于是他率领这支军队开往前线，保卫都城。但是，这时，腐朽的南宋王朝已被投降主义者所把持。那些人不但不支持，反而对文天祥的抗元斗争加以限制和打击。

1276年春，元军打到了离临安只有三十里的地方，情势非常危急。文天祥这时挺身而出，代表政府出城谈判，争取保住临安城，再伺机反攻。他在元兵军营里大义凛然地拒绝了元军要南宋投降的恫吓，元军统帅很生气，把他扣留下来。同时向临安发起进攻，俘虏了南宋的皇帝和许多王公大臣。文天祥听到消息后万分悲痛，在一个漆黑的夜晚，他趁敌人不注意，逃出了牢房。经过长时间的流浪到南方后，他重新揭起反元的大旗，不到一年时间，收复了不少失地。后来在一次战争中，文天祥不幸被俘，他想自杀殉国，但吃了毒药后并没有死。敌人把他关在大牢里，并派一个已经投降元朝的南宋人来劝他投降，要他写投降书。他悲愤交集，把劝降的人大骂一通，然后挥笔写下那首著名的《过零丁洋》诗，其中最著名的两句是："人生自古谁无死，留取丹心照汗青。"

劝降的人不甘心，两天之后又来劝他，说："现在我们国家灭了，你的忠孝也都尽到了，如果你能帮元朝做事，他们可以让你做宰相。"文天祥又骂道："我们国家灭亡了，我却不能挽救，作为宋朝的大臣我有罪啊！如果投降，我哪有脸面活在世上！我从来不做认贼作父的叛徒，大不了是一死！"语气非常悲壮。敌人对他没有办法，只得把他押到元朝的都城大都，准备把他交给元世祖亲自处理。在押送到大都的路上，文天祥绝食八日，还通宵达旦地不睡觉，为国家的灭亡而伤心流泪，敌人怕他又自杀，派了很多人守着他。

由于文天祥很有才能，元世祖想劝他投降，让文天祥为元朝卖命。尽管他们费尽心机，软硬兼施，文天祥始终毫不动摇。元世祖先派一个降元的南宋宰相留梦炎到狱中劝降。文天祥破口大骂："狗叛徒！有奶便是娘，太不要脸了！"说完，抓起桌上的茶杯朝劝降的人砸了过去，留梦炎仓皇逃跑了。后来，元世祖亲自召见文天祥，在大殿上摆着很多好吃的饭菜，金银财宝，还有不少美女，但文天祥丝毫不动心，正气凛然，只求被处死。他悲愤地说："国破家亡，我死也不甘心啊！"边说边用力捶打着自己的胸口，眼泪不禁流了出来。元世祖见多次劝降不成，于是下令杀文天祥。文天祥临刑前，还朝南方拜了几拜，从容就义。

文天祥就义之前，虽经历了种种严刑拷打，但始终没有变节，并写下了许多诗篇表达他生死不渝的民族气节和抗元到底的坚定决心。到现在，他的许多诗篇仍被人们所吟诵。

《宋史·文天祥传》

本篇成语解释：

1.【痛哭流涕】涕：眼泪。形容极其悲恸伤心。

2.【认贼作父】把仇敌当作父亲。比喻甘心投靠敌人。

3.【费尽心机】心机：心思，计谋。用尽心思，想尽办法。

4.【软硬兼施】兼施：同时施展。软的硬的办法同时用上。

传闻诵读《正气歌》能得天罡护体，百邪不侵。至于效用不得而知，只知道此诗出自文天祥之手，读来一股浩然正气如泉涌般喷薄而出。

# 违旨退敌

虞允文(公元1110年——1174年),字彬甫,南宋隆州仁寿(今属四川)人。南宋抗金名臣。

虞允文小时候就聪明过人,6岁就能熟读《九经》,7岁就能写一手好文章。他非常孝顺,十多岁的时候,他父亲死了,他每天都守在父亲的坟墓旁边,伤心痛哭,连动物都被他所感动。据说每天天亮以后,就有一群鸟飞到他父亲墓旁的老桑树上面,听他哭泣,久久不肯飞走,直到傍晚。父亲死后不久,他母亲又病倒了,于是他除了守墓,每天还得待奉母亲,端茶喂药,接屎倒尿。但他毫无怨言,始终如一,后来母亲身体好了,他服丧期也满了,他就去参加考试,结果考取了进士,做了一个县官。

据说他考取进士以后,皇帝亲自召见他,问他该如何治理国家。虞允文说:"作为国家的统治者,首先要让人民安心生活,以安定民心;然后是采纳、参照以前历代皇帝治国的好办法来治理国家;再就是惩处贪官污吏,打击奸臣小人,不让他们当权。"皇帝认为他说的很有道理。

虞允文当上县官以后,政绩很突出,不久被提拔为礼部侍郎。这个时候,北方的金朝已经有了南侵的意图。果然,不久以后,金朝皇帝率领六十万大军，进攻南宋。宋军主将是个贪生怕死的人，还没等两军交战，他就偷偷地溜走了。这么一来，南宋军队群龙无首，全军乱作一团，防线也迅速崩溃，金兵一路势如破竹，一下子打到了长江边上。

长江是南宋的最后一道天然防线，对南宋非常重要，如果被金兵渡过，后果不堪设想，都城马上就会面临威胁。但长江边上宋军还有一个据点采石（今属安徽省马鞍山市）。在这紧要关头，宋高宗命令礼部侍郎虞允文马上赶到芜湖，请驻守在那里的李显忠将军带领部队火速增援。接到命令后，虞允文心里十分矛盾，不知该怎么办才好。因为采石已经很危急了，而且主将已经逃跑，部队混乱不堪，士气低落。如果这个时候金兵进攻的话，肯定很快就能抢渡长江成功。但是如果去芜湖请李将军，那时间更来不及了，有可能李将军还没赶到，金兵已经打过来了。怎么办呢？他在房子里急得团团直转，汗珠从他的两颊渗了出来。突然，一个主意冒了出来。他想，我为什么不自己去统领采石的军队，带领他们抗敌呢？但这是非常危险的，因为这违抗了皇上的圣旨，是要杀头的。皇帝只要他去搬救兵，而没让他去打仗呀！万一打了败仗，那就更不得了！

时间越来越紧急，虞允文终于还是下定决心，自己亲自带兵抗敌。他命令另一个官员去传信给李将军，自己则跨上快马，连夜向采石方向疾驰而去。到采石的时候，天快要亮了，他发现，道路两边随处可见三三两两的士兵，他们睡觉的睡觉，闲聊的闲聊，根本看不到一点战斗的气氛。他勒住马，对士兵们大声说："金兵马上就要打过来了，怎么还不集合起来准备战斗！"士兵们见说话的一个不穿铠甲的文官，根本不理不睬。

仅仅一个人独善其身，那实在是一种浪费。上天生下我们，是要把我们当作火炬，不是照亮自己，而是普照世界；因为我们的德行尚不能推及他人，那就等于没有一样。——莎士比亚虞允文跳下马，登上一个高高的土坎，大声而严肃地说："我是奉皇上命令来的。临阵逃脱的人，无论是将军还是士兵都将受到严厉的处罚。而英勇杀敌，能立战功的人，我们将有重赏！现在老百姓都盼望我们保卫国家，我们能撒手不管，眼睁睁地看着金兵打过来吗？"在他的鼓动下，士气慢慢振奋起来。突然，虞允文大喊一声："大家不怕死的，跟我去打金兵啊！"说完第一个跨上战马，士兵们见一个文官都英勇无畏，羞愧不已，纷纷拿起武器紧跟着他。

在他的领导下，部队很快组织起来，并在各个渡口置好阵地，作好了充分的战斗准备，士兵们个个斗志昂扬。就这样，靠着当地老百姓的支持，虞允文指挥这支部队抵挡住了六十万金兵的轮流进攻，立下了汗马功劳。

采石一战，虞允文显露出卓越的军事才能，一夜之间威名远扬。他不顾生死，抗旨为国的事迹更是被传为美谈。

《宋史·虞允文传》

本篇成语解释：

1.【群龙无首】比喻没有人领导，事情无法进行。

2.【势如破竹】形势像破竹子一样，劈开几节之后，下面的就顺着刀子分开来了。形容作战或工作节节胜利，毫无阻碍。也形容不可阻挡的气势。

3.【汗马功劳】汗马：骑马作战时马都跑出汗来了，比喻征战的劳苦。原指在战争中立下的功劳，现在也指在工作中作出了贡献。

在关键时刻，顾虑过多，往往会使得你错失良机，此时就需要看决策人的个人魄力了。

# 精忠报国

然后有非常之功。——司马相如

有非常之人，然后有非常之事。有非常之事，

岳飞（公元 1103 年——1142 年），字鹏举，南宋相州汤阴（今属河南）人。抗金名将，官至节度使。

如果你到杭州西湖去旅游的话，你将会看到一座岳王庙，这是后来的人们为了纪念南宋著名的抗金将领岳飞而建造的。从古到今，岳飞一直受到人们的尊崇、敬仰，并成为人们心目中的民族英雄。

相传岳飞出生的时候，啼哭的声音惊醒了一只栖息在他家茅屋上的大鸟，大鸟张开翅膀，向天空飞去，因此他的父亲就给他取名叫岳飞，字鹏举。

岳飞在少年时代就很有抱负和气节。他沉默寡言，却很刻苦读书，尤其喜欢读古代军事书。岳飞身躯魁梧健壮，体力过人，能拉起三百斤的硬弓和八百斤的强弩，他的武艺和骑射也很精湛。

岳飞很孝敬父母，他受母亲的影响很大。母亲经常勉励他要胸存大志，报效祖国，尤其是当时金兵大举进攻南宋，国家动荡不安。19 岁那年，岳飞参加了著名抗金将领宗泽的部队。临走之前，岳飞的母亲用绣花针在他的背上刺上了"精忠报国"四个大字，让他永远不忘报效国家。岳飞也

确实争气，没让他母亲失望，他打仗特别勇敢，32岁就当上了节度使。

他带的部队纪律严明，从不残害老百姓。他们军规很严，宁可饿死，冻死，也不抢百姓的粮食，不占百姓的房屋，因此老百姓非常支持岳飞的部队，并亲切地称他们为"岳家军"。

一天，岳飞带领一百多骑兵在河岸操练，突然来了一大群金兵。岳飞临危不惧，沉着冷静地对士兵们说："敌军虽然人多势众，但不知我们的虚实，我们可以趁他们还没有站住脚，给他们来个突然袭击。"果然，他们把敌人杀得大败而逃。岳飞带着他的"岳家军"南征北战，打得金兵落花流水。以至于后来金兵只要见到"岳家军"的战旗就会吓得两腿直打哆嗦。有一次在太行山，岳飞遇上了金兵。他虽然身上负伤十多处，但仍活捉一个金兵将领，还用一丈八的长矛杀死金兵一个大将，威名大震。

然而，当时的南宋政府非常腐朽，奸臣小人当权，可耻的秦桧任丞相，他贪生怕死，又怕岳飞抗金胜利后对自己不利，于是极力主张同金朝议和。本来这个时候，岳飞已经率领军队收复了许多被金兵占领的地方，甚至打到了离金朝都城只有四五十里远的地方。如果不是秦桧从中破坏抗战，很快岳飞他们就可以彻底打败金兵。秦桧与当时金兵统帅金兀术串通一气，狼狈为奸。这一天，岳飞正在军营中同将领们商量抗金的办法，突然，接到皇上下的"金字令牌"要他们退兵，而且一下就是连续十二道，逼迫岳飞退兵。岳飞内心非常痛苦，他悲痛地叹息说："十年的心血，就这么被白白地毁了啊！"

"岳家军"撤退时，当地的老百姓十分悲伤，他们扶老携幼来到道路旁，流着眼泪挽留。但是，岳

我被一条牢不可断的锁链拴在自己的国土上，我宁愿要我们的贫穷的暗淡的世界，我们没有烟囱的林舍赤裸的空地，却不要和蔼地对我凝望着的晴朗的天空。——果戈里

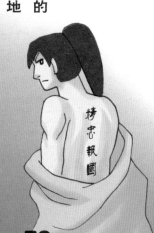

飞不想违抗圣旨,他只得班师回朝。岳飞知道,宋军一撤,金军马上会重新占领,老百姓又要遭殃了。于是,他把大批老百姓带回南方,好让他们平平安安地过日子。

岳飞一回到首都临安,就被夺去了兵权。但秦桧还不放心,他恨岳飞,很想把岳飞除掉。而金兵统帅金兀术对留下岳飞,也感到不放心,他给秦桧写来信,要他设法除掉岳飞。于是秦桧诬陷岳飞谋反,把他抓进了监狱。岳飞不服,说哪有精忠报国的人会谋反呢!他还脱下衣服,展示自己背上早年刺下的"精忠报国"四个字,表示自己的忠诚。但奸佞小人们已下定决心要害死岳飞,他们千方百计地罗织罪名,最后以"莫须有"的罪名把岳飞杀害。

老百姓不忍心让他们敬爱的英雄受冤屈而死,他们强烈呼吁要替岳飞平反。十二年以后,岳飞的冤情终于得雪,人们把他当做民族正义的象征,一直纪念他。

岳飞死时年仅39岁,然而他的报国之志,却一直受到世人的高度颂扬。"精忠报国"四个字,也激励着一代又一代的仁人志士。

《宋史·高宗本纪》《宋史·岳飞传》

**本篇成语解释:**

1.【沉默寡言】沉默:不出声;寡:少。很少说话。

2.【南征北战】形容转战南北,经历了许多战斗。

3.【串通一气】暗中勾结,互相配合。

# 卖卜抗元

谢枋得(公元 1226 年——1289 年),字君直,号叠山,南宋信州戈阳人。抗元将领。为人豪爽,忠义兼具。官至江东提刑。

南宋末年,有一位民族英雄,不惧强硬凶狠的敌人,不受利益的诱惑,不畏权势,勇于抗争。虽然他离开人世几百年了,但他的精神却永远存在于天地之间,这个人就是谢枋得。

谢枋得天资很高,聪明过人。小时候就喜欢读书,而且能过目不忘,他对于古今治理国家的经验和教训以及朝代兴亡的史实,都很有研究。他性格直率,快人快语,有时候与人争论问题,常常把桌子拍得"砰砰"响。谢枋得为人豪爽,并且以忠义两个字作为自己做人处世的标准。

谢枋得考中进士后,被任命为司户参军。但他没有上任,后来在一个地方当教师。当时的宰相是一个奸臣,他平时胡作非为,把国家政事不论大小都抓在手中,导致政治黑暗,社会混乱,到处出现冤案,而且强盗、窃贼众多,人们怨声载道。这样的人治理国家,怎么行呢?谢枋得大胆地写了一篇文章,对奸臣大加批评,指责他推行的政策不好,祸害了国家和人民,并且说如果让敌人知道了国内没有好的领导,军队没有好的将领,敌人就会乘机侵略宋朝。因此应当把奸臣的职务撤了，否则的话，宋朝的大好江山就会被葬送掉。文章被奸臣发现后，他大为恼火，马上捏造了一个罪名，把谢枋得逮捕了，几年之后才被放出来。

正像谢枋得说的那样，当时的元朝知道南宋很衰弱，大举进攻南宋，南宋很快就失败了，许多大臣和将领都投降了元朝。后来，一个叛将率领元军又侵犯南宋，谢枋得以江东提刑的身份率领宋军迎敌。双方军队在一个山谷之间拼杀了整整两天，最终由于敌众我寡，兵力悬殊，宋军失败。谢枋得逃脱以后，决定积蓄力量，以期东山再起。于是他离家外出，隐姓埋名，躲到一座山中。他总觉得对不起国家，经常独自一个人大哭，渲泄心中的烦恼，人们都以为他是个疯子，都嘲笑他，戏弄他。

谢枋得是一位有血性、有骨气的男子汉。他非常爱国家，爱民族，忠贞不二。不但南宋的人敬佩他，连元朝的人也早知道他是位英雄。由于深怕他会再次召集力量抗元，元朝下令捉拿他。但由于他躲在山里，又埋名改姓，因此元兵找不到他。然而他一个人在外面总得吃饭，他无以为生，只得靠卖卜(帮别人占卜)为生，并借卖卜来积累钱财准备抗击元朝。

渐渐地，谢枋得的力量越来越雄厚。虽然他的活动都是秘密进行的，但是天长日久，难免会走漏一些风声，他的来历慢慢地被人们知道了，而且一传十，十传百，越传越远。谢枋得觉得这样下去对自己不利，因为元兵肯定会发现的，于是他又逃到福建，躲到了武夷山，继续积蓄力量。由于这时元朝已完全控制了天下，因此谢枋得的力量相对来说总是小的，后来他发动起义，终因力量悬殊又失败了，他感到心灰意冷。

后来，元朝统治者笼络天下人才，到处求贤，谢枋得被一个朋友推荐了上去。他知

一个有德性的人，往往为他的朋友和国家的利益而采取行动，必要时乃至牺牲自己的生命。他宁愿捐弃世人所争夺的金钱荣誉和一切财物，只求自己的高尚。——亚里斯多德

道了这个消息后，觉得是极大的耻辱，因为他是宋朝的官员，怎么能又做元朝的官员呢？元朝统治者看他不愿意主动去作官，于是下命令强迫他去，他根本不畏惧，写了许多诗表明心志，慷慨激昂，以死来捍卫自己的决心。有一次一个投降元朝的将领来劝他，他大骂道："作为一个宋朝的将领，应该为国家战死在边疆，你平时自诩为忠臣，你为什么不以死殉国，却可耻地叛变呢？"那人羞愧离去。实在没办法了，元朝把谢枋得抓起来，押往都城。他在途中就绝食，由于年纪大了，到都城以后就病倒了，最后又病又饿，惨死在一个寺庙里面。

可怜这样一个为国为民的忠贞之士，没有战死在沙场，却遭到这样的结局，实在让人惋惜与痛心！

《宋史·谢枋得列传》

**本篇成语解释：**

1.【快人快语】直爽人说直爽话

2.【隐姓埋名】隐瞒自己的真实姓名。

3.【天长日久】时间长，日子久。

4.【东山再起】指再度任职。也比喻失败后，恢复力量再干。

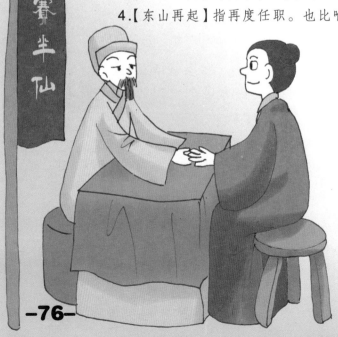

# 跳海殉国

陆秀夫(公元1236年——1279年),字君实,南宋楚州盐城(今属江苏)人。才思敏捷,性情沉静。官至左丞相。

公元1279年,南宋灭亡。当时南宋皇帝被元军赶到了崖山(今广东新会南)。为了不投降元军,一个丞相背着年幼的皇帝赵昺跳海而死,这个丞相就是以忠贞闻名的陆秀夫。

陆秀夫小时候就因才气过人而很有名。5岁那年,他到私塾上学,私塾的老师一见到他,顿时觉得他不同一般,当时私塾有小孩一百多人,那个老师唯独对他赞赏不已,对别人说:"这个孩子长大以后肯定会大有出息的。"陆秀夫很年轻时就考中了进士。当时的淮南太守李庭芝,对陆秀夫慕名已久,特地聘他为幕僚,而且经常在别人面前夸奖他。

陆秀夫才思出众,但他喜欢清静,一个人思考问题,不喜欢说话,不知道的人还以为他学问很平凡,一无可取,只是徒有虚名而已。有人妒忌他,便向李庭芝说陆秀夫没有真本事,李庭芝有些怀疑,便暗中考察他的举止行为,但见他做事计划周全,有条不紊,事情不论大小,都认真对待,不随便应付,

确实是一位杰出人才。从此对陆秀夫更加佩服，称赞，并且说他是一个"大智若愚"的人。

1276年，元军占领了南宋都城临安，俘虏了南宋的皇帝及两个皇太后，还有很多的官员大臣。这时的形势非常混乱，但不少军民自发地组织力量抵抗元军，一直坚持了几年。陆秀夫在危急的情势中，上书给朝廷，说明重新复兴宋朝天下的计划。但是他的建议没有得到采纳，他毫不气馁，不断上书，然而不少奸臣从中破坏，还对他加以陷害，说他破坏和平。他不顾个人安危，和另外一些忠臣在福州拥立益王赵昰为皇帝，即宋端宗，继续领导抗元活动。第二年，元军把宋端宗一直逼到砜州(今广东吴川县)，最后宋端宗忧患而死。

这以后，众多大臣都推说国家面临着内忧外患，又抵抗不住元军，说不如散了，各自去逃命。只有陆秀夫坚持说不可以，他激动地说："宋朝宗室还有后代，并不是没有人了。古代的少康，只不过用一个城市一支军队，就把夏朝复兴起来了；而今天我们的官员都在，士兵也还有数万，为什么不能重新振奋，再来复兴宋朝呢？"大臣们听了以后，都感到很羞愧，一致同意陆秀夫的建议，又拥立宋端宗的弟弟赵昺为皇帝。那时，有人发现在南海里面出现了条黄龙，大都认为是一个好的兆头，劲头更足了。

但赵昺即位时只有7岁，自己都管不了自己，更不用说管理国家了。因此一切大权都被皇太后掌握了。皇太后没有骨气，不是想办法振兴国家，反抗元军，总想

陆秀夫是我国历史上伟大的爱国者，他受命于危难之际，殚精竭虑，颠沛流离，试图力挽狂澜，维护大宋江山，他的努力虽未能重扶正倾之宋室，但其忠心报国的爱国精神可歌可泣。

着靠投降来换取和平,过安稳日子。因此朝廷一片混乱,不像个朝廷,陆秀夫作为丞相,决定以身作则,把朝廷的事情处理好。为了保持皇帝的尊严,他凡事都按君臣的礼节办事,而且一切政事,他都亲自处理,不怕辛苦,虽然当时朝廷处于颠沛流离之中,但他还是任劳任怨,并且经常向部下劝讲治国的道理。

这一年的八月,有大臣说当时政府所在地不安全,容易遭到元军的攻打,而崖山形势险要,可以固守,建议把政权迁到崖山。皇帝采纳了这人的意见。但是由于元军太强了,不久之后,崖山也被元军攻破。

陆秀夫见大势已去,已没有任何挽救的希望,皇帝的生命也很危险。与其被俘虏受敌人的侮辱,不如与皇帝一起自杀,为国尽忠。于是他手里拿着剑,先将自己的妻子儿女赶到海里淹死,然后对皇帝说:"国家已经到了这种地步,陛下应该为国而死,不能够做元军的奴隶,受他们的侮辱!"说完,勇敢地背着皇帝一起投海而死。这样一个忠臣,终于随着南宋的灭亡一起走进了历史。

**《宋史·陆秀夫传》**

**本篇成语解释:**

1.【大智若愚】形容很聪明的人在表面上好像愚笨。

2.【有条不紊】条:秩序;紊:乱。有条有理,一点不乱。

3.【以身作则】则:表率,榜样。用自身的行动作榜样。

4.【颠沛流离】颠沛:跌倒,比喻生活困难、窘迫;流离:由于灾荒战乱而东奔西走,家人离散。也作"流离颠沛"。

# 画兰无土

郑思肖（公元 1241 年——1318 年），自号所南，福州连江（今属福建）人。南宋著名画家。

南宋灭亡后不久，古城苏州的一条街坊上来了一个书生打扮的外地人，他是谁呢？居民们纷纷打听此人的来历。有人认出了他："这不是画画的郑思肖吗？"是的，他就是擅长画花鸟的南宋著名画家郑思肖。一出生他就对色彩和身边的事物很感兴趣，四五岁时，他常常看着东西发呆，天上的云朵本来很普通，但他会对别的小孩讲，那不是大象吗？这不是老虎吗？其实只不过是云朵很像动物，他就发挥想象力，把那些东西描述成活生生的动物。稍微长大一些，他开始用木棍在沙地上画，画小鸟，画鱼，画家里的狗，渐渐地，水平越来越高，画什么像什么，惟妙惟肖。

他不仅画出色，而且有一颗忧国忧民的心。他饱读诗书，尤其是那些有关古代爱国者的故事的书，并立志要为自己的国家作贡献。当时的南宋统治者只知道享乐，花天酒地，一点也不考虑国家大事，更没有想到要打回北方去。他很着急，就上书给朝廷，要求整肃朝纲，练兵强国。但是腐败的南宋政权根本不理

睬他，奏文就像石沉大海。他不灰心，又多次上书，仍然不被采纳。郑思肖痛心地叹惜："看来大宋的江山难保了，弄不好我们大家都要做亡国奴了！"果然，不久之后南宋灭亡了。

郑思肖心里非常痛苦，为自己取了一个新名字，叫"所南"，意思是永远向着南宋，表达对自己国家的忠诚。他不愿跟那些屠杀自己同胞的叛国贼生活在一起，于是，他毅然离开老家福建，来到苏州，过起了隐居生活。他几乎不与人交往，身边只有几个服待他的佣人。佣人们发现郑思肖有一个古怪的习惯：不管是站还是坐，他的面孔总是对着南面，甚至躺下睡觉，他的面脸也是朝南的。佣人觉得十分不理解，就问郑思肖说："您为什么总要面朝南呢？"郑思肖叹了一口气说："国家已经灭亡了，我心里不好受啊，这样做是为了纪念我的国家啊！"佣人们因此对他佩服不已，认为他确实是一位少见的爱国者。

他常常把自己同古代楚国的屈原相比，认为屈原是生不逢时，不但提出的建议不能被采纳，还遭到小人的陷害，最后被流放几次，直到跳河殉国。而他自己也是一样，多次上书，朝廷不加理睬，而自己的国家灭亡后，他自己又不能为国家做任何事，因此他常常悔恨地对人说："我只恨自己不是个武士，能上战场杀敌，为国立功，我对不起国家啊！"他还常常去喝酒，喝得酩酊大醉，以此来麻醉自己。因为一想到自己做着亡国奴，他就又会伤心不已。

郑思肖自从隐居苏州后，还经常借画画来抒发心中的爱国之情。他最喜欢画兰花，但和过去不同。他现在画的兰花

伟大的品质是与生俱来的，它不仅具有直接的，而且具有一种持续的、不断发展和永不消失的力量。即使具有这种品质的人去世了或他所生活的时代过去了，这种力量还会继续存在下去，它的生命力也许比他的国家和他所操的语言更强。——埃弗雷特

不光叶子少得可怜,而且没有根和土。一次,郑思肖的一个朋友来到他的画室,看到这情况,就指着画提醒郑思肖说:"你画的兰花怎么都没有根和土?没有根,没有土,让它怎么生长呢?快添上吧!"

郑思肖停下笔,好一会儿才说出话来,眼眶红红的,他说:"现在我们的国家灭亡了,元朝人到处横行霸道,我们的国土都被人占去了,你叫我的兰花长在什么地方?"

《新元史·隐逸传》

本 篇 成 语 解 释:

1.【惟妙惟肖】妙:手艺巧妙;肖:相似,逼真。形容刻画或描摹得非常逼真。

2.【花天酒地】形容沉迷在酒色之中的腐朽肮脏生活。

3.【酩酊大醉】酩酊:沉醉貌。形容醉得厉害。

# 魂留旌忠

　　杨继盛(公元 1516 年——1555 年),字仲芳,号椒山。明保定容城人。耿直坚强,百折不挠。官至兵部武选员外郎。

　　河北容城有一座"旌忠庙",是人们为了纪念明朝极忠义的大臣杨继盛而修建的。杨继盛是什么人呢?人们为什么建庙来纪念他?看完下面的故事,你会得到答案的。

　　杨继盛很小的时候母亲就去世了,继母很凶悍,经常打骂他,不让他读书,常常逼他去放羊。但是他很想去上学,于是他经常把羊赶到山坡上,自己则跑到附近的私塾旁,偷偷地听课。慢慢地,他竟然认得不少字,而且能背很多文章。他父亲见他很想读书,人又聪明,在他的苦苦哀求下,后来终于答应让他读书,不过仍要帮助家里干活。由于家里贫穷,夜里没有油点灯,他常在月光下看书;又因为衣被单薄,夜里睡觉时常常冻得腿肚子抽筋,只得起身在房里绕着圈子慢跑,增加热量。他即使是在如此艰苦的环境里仍然好学不倦,并逐渐养成了坚强、百折不挠的性格。经过十年寒窗的苦读,杨继盛终于学有所成,后来在北京担任一个小官职。

　　当时,蒙古首领俺答汗数次带兵入侵明朝北部边境。边境很不安宁,百姓也感到十分痛苦。但朝廷不仅不予反击,反而准备开马市,与他们做生意。其实这是一伙贪官污吏的主意,因为他们想从马市上捞到好处,而根本不考虑国家的安全。杨继盛认为如果这么做，害处远远大于好处，因为如果开了先例的话，其他蛮夷也会效法俺答汗的办法，到时候祸患也就越来越多了。所以他连夜写了一篇文章，极力申述马市不可开的道理。他还主张决不能放松警惕，要加强戒备，防止出现意外。皇帝看了这篇文章以后，认为句句在理，立刻召集群臣商议讨论。但是大多数的大臣都认为这是不合实际的说法，有个奸臣反而诬告说，杨继盛是想阻挠边防计划，于是皇帝下令把杨继盛逮捕。于是，尽忠直言的杨继盛被关进监狱，在大牢里，他受尽酷刑，被打得皮开肉绽。后来，俺答汗果然利用开马市占领了边境的一个城市。这时，朝廷才想起杨继盛曾经极力反对开马市，认为他确实是个有远见的人，就把他放了，还给他升了官。

出狱后，杨继盛想到的不是自己的官运，而是百姓和国家的利益。一天，他正在苦苦思索该如何报效国家，却又不知该从哪里着手，因此十分烦闷。他妻子说："如今奸相严嵩当权，哪容得下你直言报国。算了吧！"妻子的一番话，提醒了杨继盛：应该直接向皇帝进谏，揭露严嵩的罪行，为国除奸！于是他连夜奋笔疾书，写了一份弹劾严嵩的奏章。他在奏章中列举严嵩祸国殃民的很多罪状，指出如今外贼是俺答汗，内贼就是严嵩，内贼不除，外贼也就难去。

严嵩听说杨继盛到皇帝面前告他，恼羞成怒，就秘密派人把他抓走，严加拷打。在杨继盛受拷打以前，有一位好心人给他悄悄地送去蛇胆，说是吃下去后打起来可以不痛。他笑着拒绝了，说："我自己有的是胆量，何必再吃蛇胆！"在被折磨得死去活来后，他仍然不屈服地说："我一下子死了过去，一下子又活了过来，就像睡觉一样，睡了又醒，原来生死也不过如此平常！"可见他是多么坚强。他受刑后腿上的肉都腐烂了，痛得钻心，他干脆用刀把腐肉割去，放去脓血，泰然自若，不以为痛，一般人是难以想象的。虽然他经受着刺骨的疼痛，但他心里时刻牵挂着国家和百姓。

严嵩为人奸诈残忍，他决心置杨继盛于死地而后快。恰恰当时有两名死刑犯要处决，严嵩乘机偷偷地把杨继盛的名字附在两个之后一同交给了皇帝。昏庸的皇帝没有细看，大笔一勾。就这样，一代忠烈杨继盛惨遭杀害，死时才 40 岁。临刑前，他赋诗一首，抒发自己的感慨："浩气还太虚（天空），丹心照万古；生前未了事，留与后人补！天王自圣明，制度高千古；平生未报恩（国恩），留作忠魂补！"

**《明史·杨继盛传》**

**本篇成语解释：**

1.【百折不挠】折：挫折；挠：弯曲，屈服。形容意志坚强，无论受到多少次挫折，都不退缩或屈服。

2.【皮开肉绽】绽：裂开。皮肉都裂开了，形容被打得伤势极重。

3.【祸国殃民】使国家受害，人民遭殃。

4.【泰然自若】泰然：安然不以为意的样子。毫不在意地像平常一样，形容在紧急情况下态度镇静，毫不慌乱。

# 忠烈神童

夏完淳（公元 1631 年——1647 年），字存古，明朝松江华亭（今上海松江）人。既是明末抗清义军首领，又是著名文学家。

明朝末年，松江出了一个远近闻名的"神童"，他从小既聪敏伶利，又勤奋好学。小小年纪便能写诗做文章，满肚子的学问。他还十分敬仰古代为国尽忠的英雄好汉，每当谈论起国家大事，总是津津乐道，后来他成为著名的少年抗清英雄，这个人就是夏完淳。

夏完淳 12 岁的时候，清兵入关南侵，明王朝即将崩溃。他当时非常悲愤，写了一篇万余字的《大哀赋》，哀悼明王朝的灭亡。这篇文章广为流传，读后令人悲怆不已。14 岁那年，他就跟随以父亲为首的一群爱国人士起兵抗清。由于力量悬殊，抗清起义失败，他父亲自杀殉国。夏完淳变卖了所有的家产，继续在太湖一带抗击清军。后来在一次起义中，他不幸被捕，很快被押到南京。

当时，负责审讯夏完淳的是洪承畴。这个人原来是明朝的一个大官，后来兵败被俘，投降了清朝。洪承畴是个凶狠毒辣、阴险狡猾的大叛徒。他看到夏完淳还是个少年，认为关上几天就会乖乖投降。

于是他命令手下把夏完淳关在潮湿的地牢里，每天只给一点冷饭。十多天以后，洪承畴认为差不多了，叫人把夏完淳带到他面前。夏完淳虽然很虚弱，但他昂着头，挺着胸脯站在屋子中间，不向洪承畴下跪。洪承畴的手下人命令他跪下，夏完淳大声"呸"了一声，说："我是堂堂明朝的臣子，怎么能向你们这些投降清朝的强盗下跪呢！"那些人气得不得了，想冲上去强迫他跪下。这时，洪承畴假惺惺地说："你们怎么能这样对待夏先生，快下去！"他想软言相劝，让夏完淳投降。

洪承畴站起来，满脸堆笑地走到夏完淳身边，说："自古英雄出少年。今天有幸相识，果然名不虚传。老夫打心里佩服，可惜啊……"见夏完淳一声不响，他又说："你一个小孩子家，知道什么，怎么能带兵搞起义抗清呢？我想大概是受了别人欺骗吧。只要你现在归顺大清朝，我一定过往不咎，而且还要在大清皇帝面前保举你，包你高官厚禄，享福不尽。"

夏完淳早就对洪承畴这种可耻的人感到非常气愤，于是他想借机奚落洪承畴一番，就假装不知道他是谁，厉声说："我算不上英雄，用不着你恭维我。我们明朝有个洪亨九（洪承畴的字），他是一位杰出人才，率领大军和清兵交战，在沙场上壮烈牺牲。我非常仰慕他的忠烈。我虽然年少，但决心仿效他杀身报国，我怎么会变节投降呢？"

洪承畴脸上一阵青，一阵白，一阵红，又哑口无言，他心里明白夏完淳是在骂自己，但又不能发火，否则不等于是承认自己是叛徒吗？洪承畴的手下人以为夏完淳真的不认识洪承畴，就指着洪承畴说："上面坐的就是洪大人，不许你乱讲！"

夏完淳用手指着洪承畴故意生气地大声说:"胡说！你们别想骗我,亨九先生早已为国捐躯,天下谁不知道?想当初洪先生为国牺牲,天下人没有人不悲痛,皇帝还亲自参加他的葬礼。你算什么东西,竟敢冒充亨九先生的英名,污蔑忠魂!"说完还不解恨,又大"呸"了一声。

洪承畴被羞得面红耳赤,低垂着脑袋,半天才说出一句话:"你这个顽固不化的叛逆!"马上命令手下人把他带走了。夏完淳边走边骂道:"我是忠臣,我不是叛徒,你才是真正的叛徒!"

从这次以后,洪承畴再也不敢审讯夏完淳了。不久,他把夏完淳秘密杀害了。夏完淳受刑时,挺立不跪,还讨来纸笔给母亲写了绝命诗,字迹工整不乱,可见他视死如归的英勇精神。这一年,夏完淳才 17 岁。

**《明史·夏完淳传》**

**本 篇 成 语 解 释 :**

1.【津津乐道】津津:兴趣浓厚的样子。乐道:喜欢谈论。指很有兴趣地去谈论。

2.【名不虚传】流传开来的名声与实际相符。形容确实很好,不是空有虚名。

3.【视死如归】形容不怕死,把死看作像回家一样。形容为了正义事业,不惜牺牲生命。

# 抗倭英雄

戚继光（公元 1528 年——1588 年），字元敬，号南塘，明朝山东登州（今蓬莱）人。著名抗倭英雄。官至都指挥使（地方最高军事长官）。

"倭寇"是明朝人对日本海盗的称呼。他们是由日本内战中溃逃出来的残兵败将和失意武士、无赖组成的。东南沿海富庶地区江苏、浙江、福建一带，连年遭受倭寇的侵扰。倭寇在中国沿海地区走私抢劫，杀人放火，奸淫掳掠，明里是商人，暗里就是海盗。倭寇活动最猖獗的时期是嘉靖皇帝时期。直到嘉靖的最后几年，沿海的抗倭之事，才开始出现转机。这期间，抗倭名将戚继光脱颖而出。

戚继光出身于将门，从小就很懂事，不但习兵练武，而且喜欢读书。他性情豪爽，志气很高。他尤其爱读军事方面的书，学习了不少军事知识。传说他幼年就爱率领一群儿童做战争游戏。他常常用泥土瓦石砌做城阵营垒，用竹竿彩纸做旗号，指挥一群孩子们攻守进退，乡里人看到他的这些举动，都对他称赞不已。

17 岁那年,他继承父亲的遗志,开始了他的戎马生涯。最初,他在山东指挥军队抗倭,后来由于浙江、福建倭患严重,他被调往浙江负责指挥抗倭。上任后不久,有一股八百多人的倭寇嚣张地窜到慈溪,大肆抢劫。戚继光马上带领明军前往抵御,但明军战斗力很差,虽然人数比倭寇多,但仍然连连败退。戚继光见情况危急,忙跳上一块巨石,弯弓搭箭,一连三箭,射倒三名倭寇头目,倭寇才一哄而散。后来,又有几股倭寇进犯,戚继光督军迎战,三战三胜,把他们都赶下海去了。

　　两次战斗,都是靠戚继光高超的武艺和勇敢的精神取胜的。通过实战,他发现自己的军队素质太差,靠这样的军队是打不了胜仗的。于是戚继光决心从当地人民中招募新兵,组成一支新的军队,来保卫海防。很快,新军组成了,有四千多人,戚继光把它分为陆军和水军,分别训练。几个月后,这支队伍逐渐成熟,成为一支有纪律、能吃苦、战斗力强的队伍。据说有次集合,忽然天下大雨,戚继光故意不动声色,而队伍居然从早晨一直到中午始终挺立在大雨中,最后他下了命令,队伍才解散。这支具有铁一般纪律的军队被人们称为"戚家军"。

　　1561 年,戚继光在台州(今浙江临海)大败倭寇,亲自杀其头目,连续九次都取得胜利,斩杀倭寇一千多人。第二年,倭寇又来侵犯福建沿海各县,戚继光率领戚家军直捣敌人老巢,将一千六百多名倭寇全部消灭。当时,倭寇的老巢在一个靠岸不远的小岛上,四面环海,涨潮时可以通船，退潮时四周都是泥滩，易守难攻。戚继光故意选择一个退潮的时间进攻，因为退潮时敌人以为戚家军过不去，防守很松懈。戚继光正是利用这一点来攻其不备，他命令士兵每人背一大捆干草，在泥滩上铺出一条路来，然后从草上爬行过去。戚家军到了敌人营寨外面，敌人还未反应过来，因此被戚家军杀了个落花流水。戚家军的声望越来越大，倭寇对戚继光又恨又怕，称他为"戚老虎"。

经过十几年的艰苦奋战，明军终于平息了东南沿海的倭患。这时，北方边境又遭到蒙古骑兵的侵犯，戚继光马不停蹄，接到命令后马上到北方驻守边境。他在那里守卫边境十六年，屡建战功，使边境安如磐石，保护了北方人民的生命财产安全。

戚继光文武双全，他利用打仗的空余时间先后写成了两部价值很高的兵书，成为我国古代军事学的宝贵遗产。戚继光的一生，是战斗的一生，他南平倭乱，北固长城，江南塞北，转战千里，功勋卓著，千古垂名。他为祖国作出了巨大的贡献，不愧为民族英雄。人民永远不会忘记这位热爱祖国、保护百姓的抗倭名将。

《明史·戚继光传》

**本篇成语解释：**

1.【脱颖而出】颖：尖儿。锥子的整个尖部透过布囊显露出来，比喻人的才能全部显示出来。

2.【不动声色】不从语气和表情上表现出来。形容非常镇静。

像母亲有时为她所分娩的亲爱生物而牺牲一样，我们就不应该爱惜自己，就应该准备为它的成功而捐弃我们的生命。——左拉

# 梅岭忠魂

史可法(公元1602年——1645年),字宪之,号道邻,明朝河南祥符(今河南开封)人。性格耿直,做事认真,官至兵部尚书。

史可法少年时勤学苦练,学识很好。19岁那年,他离开家乡到京城赶考,由于家境穷困,住不起客店,只好借宿在城外一所破庙里。当时正是岁末严寒的冬季,天气冷得出奇,北风呼呼地狂吹,空中又不断地飘着鹅毛大雪。在这样恶劣的环境里,史可法还是每天很早起床,勤读苦思,有时甚至忘记了吃饭。有一天,在京城担任主考官的明朝重臣左光斗带着几名随从,从庙前经过。为了避风雪,左光斗踏进了庙门。只见有个书生,伏在桌上睡着了,桌上摊着一篇文稿,左光斗好奇地拿起文稿从头到尾读了一遍,不禁大为赞叹。文章不但思想好,而且文笔也好。左光斗见他身上衣着单薄,便把自己身上的貂皮袍子脱了下来,盖在书生的身上,然后出去了。临走前,他从和尚那里得知,书生叫做史可法,是借住在破庙读书,准备赶考的。

过了不久,左光斗主持考试。在史可法交卷时,他细读了史可法的考卷后,当即把他定为第一名。考试结束后,左光斗单独会见他,勉励他锻炼成材,将来担起国家重任。左光斗还把史可法引入后堂拜见左夫人,并且说:"我的几个儿子都碌碌无为，我看以后能继承我的事业的，只有这个孩子。"可见他对史可法是何等的器重。从此，左光斗与史可法结下了深厚的师生情谊。

后来，左光斗受奸臣陷害，被逮捕入狱，定为死罪。在狱中，左光斗受到了惨无人道的酷刑拷打，脸被烧得无法辨认，左腿膝盖以下筋肉都脱离了大骨，生命危在旦夕。史可法到狱中去探望，见到左光斗肉体和精神遭到严重的摧残，心里十分难受，常常含泪对旁人说："我老师的肺腑，都是用铁石铸成的！"史可法没有辜负他老师的教诲和期望，后来也成为一个能干正直的官员，当上了兵部尚书。

1644年明朝灭亡后，史可法在南京拥立福王朱由崧为皇帝，重新建立政权。但这个政权当时被一群民族败类把持着，对清兵处处退让，屈膝求和；对内争权夺利，荒淫无耻，贿赂公行，朝廷里面一片乌烟瘴气。因此在清兵的不断进攻下，明军步步败退，很快，清兵打到了扬州，史可法不计较个人的得失，立刻来到扬州，担起了保卫扬州的重任。

清兵头目多铎多次写信要史可法投降，史可法毫不动心，他回信坚决表示："我是明朝的官员，为了自己的国家，我一定竭尽全力，尽到自己的责任。"敌人还是不死心，他们又派降将来劝降，史可法把劝降的人臭骂了一顿，然后把他们扔到了城墙河里，劝降的人狼狈逃窜。

多铎老羞成怒，于是率清军大举攻城。正当危急之时，城内粮食告急，又有人投降了敌人，军心很是动摇。史可法命令召集全体官兵训话，命令传下去了两次，士兵们都没有反应，不愿集合；第三次发布命令，仍然没有反应。史可法看到这种情况，心里百般难受，不禁放声大哭，一直哭得鲜血从眼角里流了出来。士兵们看到自己的主帅是这样的赤胆忠心，都很

做人最大的事情是什么呢？就是要知道怎样爱国。——孙中山

感动，表示要尽力抵抗到底。

一天，清军用大炮把城墙炸了一个缺口，清兵蜂拥而入，史可法看到自己没能保住扬州，毅然拔剑自刎，但剑被左右的部下抢下。后来他被俘，清兵把他带到多铎面前。多铎想用高官利禄诱他投降，史可法大义凛然地回答："我是大明臣子，怎能卖国求荣，作万世的罪人！城存与存，城亡与亡，我只求一死，别浪费口舌了！"

敌人残忍地把史可法碎尸万段，抛在城外，扬州人民含着眼泪把他的衣冠埋在扬州城外的梅花岭上。几百年过去了，人们一直没有忘记史可法，现在的扬州城里有一条马路，名字叫做"可法路"，就是为了纪念他而命名的。史可法的忠魂将永远和梅花岭上的梅花争辉，史可法的英名将永远放射光芒。

**《明史·史可法传》**

本 篇 成 语 解 释

1.【危在旦夕】旦：早晨；夕：晚上；旦夕：早晚之间，形容极短的时间。指危险就在眼前。

2.【老羞成怒】老：很，极。羞愧到极点，下不了台而大发脾气。

为民族之独立和尊严流尽了最后一滴血，让我们在这里纪念这位英雄！

-94-

# 麟阁美人

秦良玉（公元 1574 年——1648 年），明朝四川忠州（今四川忠县）人，明朝末期女军事家。官至宣抚使。

如果我们坐船从重庆出发，沿长江东下，当船驶过丰都附近的忠县时，老远就可以看到长江南岸有一座建在壁陡崖峭的层楼巨阁——石宝寨。寨上的楼阁内，有一尊巾帼英雄的塑像，这尊塑像就是为明末女军事家秦良玉而造的。

秦良玉是一个苗族女子。她自幼就聪明伶俐，志向远大。她喜欢玩枪舞刀，骑马射箭，练就了一身好武艺，她认为只有这样才能既报国又自守。秦良玉刻苦读书，文化素养很高，确实是一位文武双全的女子。正因为如此，来求婚的人络绎不绝，把她家的门槛都踏平了，后来她嫁给了石柱宣抚使马千乘为妻。

秦良玉很有将才，善于治军，她在自己家乡招募了一批勇士，进行严格的训练，配以精良的装备，号称"白杆兵"。正是靠这支这队，她后来屡立战功，远近闻名。

她的第一次战功是在镇压一次叛乱时立下的。当时一个苗族首领在播州（今贵州遵义）发动叛乱，在各地抢劫财物，胡作非为。明朝政府马上派兵来镇压，但由于播州地方偏远，所以军队要到达得花很多时间。在这支军队还没有到之前，马千乘看到形势危急，先出兵去镇压，秦良玉也随军出征，她自己带了五百名精兵。一天，他们和叛敌军队遇上了，只见秦良玉率领五百精兵冲锋在最前面，一下子杀入敌人的阵营中，她左冲右突，奋力拼杀，敌人见是一个勇猛无畏的女将，都吓呆了，纷纷逃窜。最后，秦良玉活捉了一个军官，她一个人杀死敌人几百个，大胜而归。

几个月以后，他们率兵进攻叛乱军队的大本营。敌人的大本营防备严密，四周围起了高高的栅栏，每隔几十米就有一个岗哨，而且从各地抢了很多粮食，叛军准备长期抵抗下去。但秦良玉他们没有退却，他们不断发动进攻，四十多天过去了，还是没有攻下。后来天又下起了大雨，地上泥泞一片，秦良玉夫妇和广大将士们都始终坚持在泥泞中苦战。又过了一个月，天终于晴了。于是在一个深夜，秦良玉叫人用火去烧栅栏，然后强攻冲进了敌人的大本营，叛军首领还在梦中就被一刀砍掉了脑袋，他的儿子也被活捉。叛乱终于被平息了。但不幸的是，战争结束后不久，他丈夫马千乘染上了重病突然死去了。朝廷认为秦良玉杀敌有功，下令让她继承丈夫的职位，当上了宣抚使。

后来，清朝向明朝大举进攻，包围了东北的沈阳，形势非常危急，朝廷向各地征兵救援。秦良玉一向以保卫国家为己任，忠心耿耿，接到命令后，马上派自己的亲兄弟带领部队赶赴前线，后来她的兄弟先后战死，秦良玉自己率领三千名"白杆兵"到山海关救援。秦良玉的"白杆兵"一路纪律严明，秋毫无犯，作战勇敢，深受老百姓的爱戴。边境的危险解除以后，她仍旧带兵回到石柱驻守。

由于秦良玉战功显赫，得到的奖赏很丰厚，

因此引起了一些将军的嫉妒,他们开始暗中与秦良玉作对,或者不配合,或者违抗命令。

秦良玉70岁那年,外省的一支叛军又向四川进军,秦良玉怎么会坐视不救呢?她仍旧披挂上阵,与敌人作战,但由于一方面年龄太大了,另一方面力量悬殊,敌人人多势众,最后终于失败。75岁的时候,她在家中忧愤而死,死时仍交待手下要继续战斗。

她去世以后,人们为了纪念她,自发地修建了一座楼阁,并给她塑了像,因此秦良玉这位女英雄便以"麟阁美人"而流芳百世。

**《明史》卷二百七十列传**

**本篇成语解释:**

1.【文武双全】文才与武功同时俱备,才能杰出。

2.【秋毫无犯】秋毫:动物秋后新换的绒毛,比喻十分纤细的东西。形容军队纪律严明,丝毫不侵犯群众的利益。

3.【坐视不救】看见别人受到灾难不去帮助,而坐在旁边观看。

秦良玉是一位名副其实的"花木兰",也是在中国历史上唯一单独载入正史·将相列传(非列女传)的巾帼英雄。唯一凭战功封侯的女将军。良玉善骑射,兼通词翰,仪度娴雅,而驭下严峻,每行军发令,戎伍肃然。

# 匹夫有责

顾炎武(公元 1613 年——1682 年),原名绛,字宁人,明苏州府昆山人。明末清初的思想家和爱国主义者。

"天下兴亡,匹夫有责。"这句千古传颂的豪言壮语,出自明末清初的爱国主义者顾炎武之口。顾炎武的相貌很奇特,面部凹凸不平,双眼的瞳子是白的,旁边是黑的,邻居的孩子都不敢接近他。他 3 岁时患了重病(天花),差点丧命,病好以后,左眼有些斜,更显得丑陋了。他虽然外貌丑陋,但天生聪颖过人;很小就读家里的藏书,他的母亲还经常给他讲一些历史上的忠臣义士的故事,教育他要忠国爱民,正直刚强,顾炎武的个性十分孤僻,不愿和人来往,当时人们都叫他"顾怪"。

14 岁那年,他考中秀才。这时,明朝已到了末路,政治腐败,农民起义不断,而北方的清军势力正不断壮大,且经常侵扰明朝的边境,这种社会现实,使顾炎武开始关心国家大事。他联络当时东南地区一些有眼光的知识分子,组织了"复社"。表面上研究学问,实际上谈论天下大事,抨击黑暗的政治等。

1664 年,驻扎在山海关的明朝将领吴三桂,勾结清军入关,攻占了北京。此后,清军节节南下,不断扩充他们的统治范围。第二年,清军渡过长江,占领南京,一路上,烧杀抢夺,无恶不作,并强迫人民按照

满族的风俗习惯，剃掉头发，改穿清装。人民十分愤怒，纷纷起来反抗。在这种形势下，顾炎武发出"天下兴亡，匹夫有责"的呼声，号召更多的人投入到反清斗争中去，他自己也拿起了武器。

后来，清军攻占了昆山，大肆屠杀，顾炎武的两个弟弟被杀，他的母亲被砍掉一只手臂，他母亲临死前嘱咐他，要他一定要抗清到底。这一切，激发着他的抗清斗志，从1646年到1657年这十年中，他一直往返于长江南北，到处联络抗清志士，进行隐蔽的反清活动。这期间，他多次遭到迫害，几乎送掉性命。

由于清军在全国实行高压统治，顾炎武感到无法再在江南活动了。经过慎重考虑，他决定到北方去，一面继续抗清，一面开始研究学问。为了筹备路费，顾炎武准备把家里的八百亩田卖给当地一个豪绅，但那个人很贪婪，他为了不费分文就吞食顾炎武的田产，竟偷偷地向清军告密，说顾炎武正秘密准备反清。清军马上逮捕了他，由于清军知道顾炎武很有学问和才能，就派一个人来劝顾炎武投降清军，说："先生是一个忠义之士，曾经反抗我们，但只要你为我们做事，我们可以不计较，而且，你们国家已经灭亡了，为什么还要为它尽忠呢？不如归顺我们，我们让你做大官，保证让你享受荣华富贵。"

顾炎武这个人天生一副硬骨头，怎么会投降呢？他对着清军大骂："做梦去吧，我真要投降，还会等到现在？你们不要得意，我们总有一天会推翻你们的，即使我不能，我的儿子、孙子都会继承我的事业，一直斗争下去的。"清军无奈，用严刑拷打他，后来又把他扔进水牢里，不给他饭吃，但还是不能让顾炎武屈服。最后，清军觉得顾炎武名气太大，又找不到他反清的证据，就把他放了。

随后,顾炎武在北方过了二十五年的流亡生活,他走遍了山东、河南、河北、山西、陕西等地,每到一个地方,就访问当地的爱国人士,秘密商量光复之事。63岁以后,他才定居在陕西华阴,他认为这里地理位置很好,可攻可守,可以作为日后起兵的根据地,从这里可以看出,他过了花甲之年,仍然没有忘记反清的使命。

1682年正月,他骑着马去拜访一个朋友,因道路崎岖不平,他从马背上坠落下来,受了内伤,呕泻了一天一夜,便与世长辞了,享年70岁。

**《明史·顾炎武传》**

本篇成语解释:

1.【匹夫有责】匹夫:封建社会里指平民中的男子,后泛指一个普通人。常言说"天下兴亡,匹夫有责",意思是说,国家大事,每个人都有责任。

2.【无恶不作】没有哪样坏事不干,形容干尽了坏事。

3.【与世长辞】辞:告别。同人世永远告别了,婉指死去。

与历史上一切伟大的思想家一样,顾炎武的思想中充满着对社会的公共事务进行深刻而彻底的反省、对既往的思想文化进行冷峻而深沉之反思的哲学精神。他崇高的爱国主义情操、独立不苟的人格风范和社会批判精神,至今仍是推进中华民族伟大复兴的精神力量之一。

# 我的留学梦

丁卉

    我人生的前十五年，现在想起来，就像是肥皂泡般的一场梦境：很平凡的家庭，很平凡的父母，很平凡的学校，很平凡的生活。每天两点一线，早出晚归，吃一样的热干面，喝一样的豆腐脑，对着大同小异的卷子或欣喜若狂或满腹惆怅。听身边的人抱怨课程多，抱怨考试难，也抱怨青春易逝韶华不再，然后自己就凑热闹一般的添油加醋几句。像肥皂泡的表面，太阳一照就五彩斑斓。平凡，但美好而温暖。

    考上莱佛士的时候，我犹豫了很久。我认真地问自己：丁卉，这辈子你到底想要什么？是荣耀功绩还是温暖幸福？你到底想做一个不惜一切代价改变世界的人，还是你只在乎那些深爱你陪伴你的存在？我知道我不是在逃避，不是在为自己的怯懦找理由，我只是想知道，我到底想要什么？我只是不想，在多年以后，觉得这一切的牺牲都不值得。

    于是那晚我告诉父母：我不想去。

    第二天，父亲没有去上班。在饭桌上，他给我讲了一个我从小就熟知的故事——花木兰从军。

    南北朝时期，天下大乱，战争连年不断，人民生活很不安定，常常隔不了多久就得搬一次家。花木兰巾帼不让须眉，虽为女儿身都有男儿志。她离家万里，代父从军立下赫赫战功……

不知为何，在父亲和缓的声音中，再听这个听了千百次的故事，我的眼泪无法抑制地掉下来，打湿了身前的《小窗幽记》。

末了，父亲说：我们都容易被眼前的景象所蒙蔽，因为我们都害怕失去，都害怕回来的时候物是人非，所以都不敢跨越不敢尝试，都喜欢作茧自得。但是你看，花木兰不怕。她离开家的时候，大概与你同龄。她跨关山越黄河，她也许犹豫过，但从来没有放弃。那是她骨子里的一种气节。爸爸知道你是和她一样刚烈，一样有抱负的女子。你觉得你认识的自己其实并不是真正的你。爸爸知道你不会甘于平庸，你也不应该在琐碎与麻木中虚度年华。爸爸不想你长大以后憎恶这样的自己，后悔曾经的决定。你的骄傲不会允许，你的自尊也不会妥协。孩子，我们每个人都只有一个人生，所以我们都应该在有限的生命中拥抱无限的宇宙。这样，我们才能算真正的不枉此生。

我认真地看着父亲的眼睛，看着这双充满了怜爱与理解、信任和支持的眼睛，看着这双经历人生四十余年的眼睛，心忽然变得很柔软，也很坚定。

爸爸，我知道了。我会去的。我说。

就这样，父亲戏剧性地用花木兰的故事改变了我的人生。

其实说起来，我与国学一直有不解之缘。四岁的时候就基本背完了唐诗三百首（当然是被逼的），上幼儿园就知道很多《春秋》、《战国》、《唐传奇》的著名故事，要么被感动得一塌糊涂，要么惊愕得不知所措。小学二年级的时候第一次读完《红楼梦》，对妙玉爱得深切，扬言要把红楼诗词全数背下。三年级的时候和同班的女生在班上组了一个诗社，旨在传播文化，实为娱乐自我，最后以成员不足而告终。四年级读白话《史记》，为李广拍案叫绝；五年级读《资治通鉴》；六年级毕业的那个暑假在看完金庸和梁羽生的武侠小说后，读完了《中华上下五千年》。

　　说起来，我的小学生涯其实就是把中国历史走了一遍。那个时候思想很单纯，总是想：我要是生活在古代就好了，有漂亮衣服穿，每天也不用上学。再被红楼水浒一浸濡，我就想：要是我是林黛玉，就投奔宋江去，省得在大观园受那些气！

　　上初中后，我脱去了单纯幼稚，开始观察和思考。很长一段时间，我最喜欢的诗人是王维。喜欢"竹喧归浣女，莲动下渔舟"的安然；喜欢"即此羡闲逸，怅然吟式微"的出尘。王维是一个哲学家，一个住在月亮上的人，袖起笔落之间，都不沾染俗世一抹尘埃。王维很接近一种安宁的常态，寂寞而完美。我总是一个人想：要是这辈子和王维在一起多好，过一种如水般安静的生活。

　　于是初二那一年，我写了一部短篇小说《两两相忘》，故事以王维的诗词与生活态度为第二线索。女主角对自由的渴望，也就是我（在考试压迫下）对自由的向往为主线。相比王维，陶渊明的自由就显得直白多了，因为直白所以激烈，也因为激烈，反而少了王维形而上的美。不过这些感悟，都是后话了。

　　初三的时候，我疯狂地爱上了苏轼。也不知道为什么，从前对苏轼的印象就停留在一个壮汉吃立赤壁悲吟大浪淘沙之上。我不知道他的朝云，他的放逐，他的灵性，他的诗心。我是读了余秋雨，读了周国平，读了梁实秋以后才开始慢慢懂得，懂得他的倔强，懂得他的无奈，懂得他的柔肠百转，懂得朝云那一句："先生满肚子的不合时宜"的真正含义。懂得以后我就为苏东坡流泪了。

　　来到新加坡，我经历了"cultural shock"（文化地震）。其实时至今日，我还是觉得这里很多太过后现代的东西，让我无法接受。比如这里总是有很多人"want things fast and good"（追求又快又好）。但是他们不知道，有很多情绪是要慢慢酝酿的，很多经验也要慢慢积累，不能急于求成，不能贪图捷径。

我找我最喜欢的生物老师聊天，他很释然地笑着对我说："你知道，同中国相比，新加坡是一个没有历史的国家。没有历史，有文化也显得焦躁，显得苍白，显得小家子气。"

我忽然意识到很长时间以来让我感到不舒服的东西，其实是源自于这个国度一种沉淀，一种归宿，一段历史的缺失。从小到大，我在国学的浸濡下成长，习惯用很大气磅礴、纵横捭阖的眼光来看世界、看人生。我喜欢静静地思考，慢慢地感悟，像朱熹或者王国维那样，隐逸出尘也好积极入世也罢，我喜欢一种有张力的思考方式，喜欢思想源源不断地涌入脑海的感觉。我承认一直以来我都活在理想的世界里，骄傲得不需要物质的承诺、成功的保障，我是一个思想者般的存在。而在中国的历史里，有那么多人与我相同。他们或以悲壮、或以淡然的英雄方式出现，以至于我把这种生活理想当成了一种常态、一种必然，而丝毫没有意识到这其实是一种奢侈，一种只属于我们这一代中国人的奢侈。

我想很多为文言文焦头烂额的人都不会懂得，有国学是我们的荣耀，是我们的骄傲，是我们血脉里根深蒂固的一部分，它定义了我们每一个中国人。

不得不承认，现在接触中国历史和古典文学的机会少了许多。但是也因着这出国的特殊经历，因着情感的暂时封存，让我看到国学里更加精髓的部分。不再是凄凄惨惨戚戚的离情别恨，而是中国的哲学。

说到哲学，就不得不提《道德经》。老子在一种神奇的模棱两可中表达了他对宇宙的理解。一位经常来新加坡传教的著名牧师唐崇荣曾经说过，老子比孔子强。孔子说："朝闻道，夕死则已。"可见孔子不知"道"。老子说："道可道，非常道。"可见老子明白道是不可闻，不可道的，从而更接近道的本真。

在新加坡的这四年里，我发现很多中西哲学有趣的对比点。

比如孔子教导我们温良恭俭让，萨特说这些都是人性的虚假体现；比如孔子说君主应当修身，培养自身的美德；意大利的马基雅维利反对说这些都是无用功，一个统治者只要知道如何控制自己的属民即可……我发现中国的哲学家，比如墨子的兼爱非攻，比如老子的上善若水，都是很温和的哲学，不带一丝希腊罗马的激进。

我为中国人的生活态度找到了一个源头。为什么我们不愿意改变态度，不乐于创新与尝试？其实是我们缺少神秘和浪漫，缺少激情与想象，我们对真理这个东西不感兴趣，我们只想找一种最中立的方法，一种最温和的方式。这种人生态度可以叫中庸，也可以叫懦弱。所以我们一直很平德，但我们不精彩。至少目前不够精彩。

哲学体现的是人的生活态度，而我们也都还在这样或那样的生活态度中跋涉。

这篇自叙写得如此冗长而真实，因为它大概是我成长过程中曾经感同身受的思想、情感与启发。从一个在《红楼梦》中不可自拔的小女生，长成如今这般虔诚的基督徒、这般勤勉的思想者，我相信有很多人与我相同，在寻找，在追逐。也有很多的朋友，在重复着我的道路，体会着我的感情。在思想的国度里，从来没有失败者，也没有落后者。我们都是在这个星球上行走的人，正如张悬所唱：生活生活，有快乐也有忧愁。

但我们都不是一个人。我们都是同路人。

写此文，与君共勉。